互联网金融

TONG

资讯·研究·服务

小铜人出品

拆掉
高高的柜台

对话新金融

吴风显 等 著

暨南大学出版社
JINAN UNIVERSITY PRESS

中国·广州

图书在版编目（CIP）数据

拆掉高高的柜台：对话新金融/吴风显等著．—广州：暨南大学出版社，2016.12
ISBN 978 - 7 - 5668 - 1991 - 8

Ⅰ.①拆… Ⅱ.①吴… Ⅲ.①互联网络—应用—金融—研究 Ⅳ.①F830.49

中国版本图书馆 CIP 数据核字（2016）第 277142 号

拆掉高高的柜台：对话新金融
CHAIDIAO GAOGAO DE GUITAI：DUIHUA XIN JINRONG
著者：吴风显　等

· ·

出 版 人：徐义雄
策划编辑：崔军亚
责任编辑：崔军亚
责任校对：刘雨婷
责任印制：汤慧君　周一丹

出版发行：暨南大学出版社（510630）
电　　话：总编室（8620）85221601
　　　　　营销部（8620）85225284　85228291　85228292（邮购）
传　　真：（8620）85221583（办公室）　85223774（营销部）
网　　址：http：//www.jnupress.com　http：//press.jnu.edu.cn
排　　版：广州良弓广告有限公司
印　　刷：深圳市新联美术印刷有限公司
开　　本：787mm×960mm　1/16
印　　张：14.5
字　　数：255 千
版　　次：2016 年 12 月第 1 版
印　　次：2016 年 12 月第 1 次
定　　价：39.80 元

（暨大版图书如有印装质量问题，请与出版社总编室联系调换）

序一：新金融未来已来

由余额宝引领的互联网理财浪潮在过去三年里重塑了国人的理财观，数以千万计的普通人开始享受到与富人同等的投资收益。一批新金融公司相继站上潮头，其中一部分玩家步子迈得太大已经倒下，让大量投资人蒙受惨重损失，并引发间歇性的行业恐慌。

不破不立。值得关注的一个趋势是，整个新金融市场规模一直在加速增长，以网贷行业为例，2016 年前十月的成交额是之前数年总量的两倍。随着新金融市场日渐成熟，投资人的财商也在逐步提升，但是还有不少人对互联网理财存在误解，这需要理财平台以及第三方服务机构共同构建一个健全的投资环境。

作为专注新金融行业的第三方服务机构，掌握新媒体先发优势的小铜人金服一直致力于投资人的财商教育。在自有渠道上，小铜人金服有 P2P观察、P2P 头条、金融家等多个理财市场知名的微信公众号，并汇聚上述新媒体资源创办新金融研究院，广大投资人可以通过上述渠道第一时间了解市场以及平台的变化，提高决策效率。

为了更好地融入行业，服务好数百万忠实粉丝，小铜人金服在过去一年相继投资了布谷 TIME、越女读财、海椒妞的网贷日记等多个在互联网理财行业极具品牌影响力的新媒体平台。

报道有价值的理财产品，挖掘性价比最高的投资标的，记录行业内优质平台的成长历程，是小铜人金服新媒体矩阵一直坚持在做的事情。

在过去，小铜人金服接触过数以千计的投资人，包括大量中雷却维权无门的受害者。我们发现，新金融行业亟需投资人教育，很多人被外部的信息杂音干扰，盲目投资的后果往往是血本无归。小铜人金服通过旗下新媒体平台搭建的投资人社群，致力于消除信息不对称，缓解投资人选择困难症，因此也赢得了广大投资人认可，目前旗下高净值投资人社群用户过万，覆盖的理财资金超过 50 亿元。

从三年前的两个微信公众号，发展成为今天打通内容、渠道，连接资金、资产两端的平台型机构，小铜人金服跟随行业一起完成蜕变。

通过新媒体渠道延展的财富教育、投资顾问、理财课堂以及投资人社群，小铜人金服为优质理财平台培育了一大批高净值用户，并依托技术创

1

新，让理财产品的线上推广、用户转化达到最佳效果，与行业形成良性互动。

小铜人金服在投资人财商教育上的努力也获得了市场的认可，从2015年开始，小铜人金服联合知名财富排名机构胡润百富举办胡润新金融百强榜峰会，通过这个活动为行业正本清源，让更多优质企业站上前台，成为全行业关注的标杆。

第一届胡润新金融百强榜参与的企业近千家，一百余家上榜企业无一不是获得广泛认可的行业佼佼者，他们也在2016年通过投资人和市场的检验，继续发展壮大，成为领航者。

在行业秩序重建的新时期，胡润新金融百强榜带给平台和投资人的路标作用明显，很多平台从这份榜单走向更广阔的公众市场，赢得了更多投资人的信任。

在第二届胡润新金融百强榜揭幕之际，我们联合新金融行业资深观察家、前南方周末资深记者吴风显推出《拆掉高高的柜台：对话新金融》一书。这本书除了汇聚了多位行业专家的前沿观点外，还包括了31位新金融行业领袖的访谈。相信这本干货十足的书能够给新金融行业的数百万从业人员带来启迪。同样，对于普通投资人而言，这本书也是了解自己所投资平台的捷径之一。

在监管环境日趋完善的当下，互联网理财正走向理性、合规的新时期，小铜人金服希望《拆掉高高的柜台：对话新金融》一书能够成为一本记录新金融行业变迁的书。

发端于新媒体的小铜人金服目前已经打通从内容到用户，再到资产的投资闭环。未来，我们还会继续产出更多有借鉴意义的内容，并集结成册，成为一份份历史的见证。

相信这些对于新金融行业的秩序重建意义重大，也必将在行业历史上留下厚重的一笔。

在此感谢吴风显先生在过去一年多的大力支持！感谢贲圣林、宁钟、胡滨、尹振涛、江南愤青五位专家赐稿！

深圳市小铜人金融服务有限公司 CEO 李小跳

2016 年 11 月 6 日

序二：拥抱技术，克服恐惧

1

我最近一次去银行距今已有一年多了，是去办理工资卡。这一年多来，我跟金融机构的联系其实仍然紧密，比如每月准时缴按揭、还信用卡等，但这些都可以在手机上数秒完成了。

甚至，我去超市买东西，中午去吃一份快餐，外出叫辆顺风车，都直接使用微信或支付宝支付，因此很长一段时间以来，我的钱包里始终保持着几十元现金。算来，我也有一年多时间没去ATM机取过现金了。当然，没现金时，我会从我老婆的钱包里偷一点钱度日，但都是去菜市场买菜。

事实上，至少在北上广深这样的一线城市，年轻人都像我这样切身感受到了金融生活的飞速进步。在杭州，金融的互联网化程度更深。也就是说，互联网金融已经悄无声息地攻城略地，十分强悍地深入我们的日常生活，深刻地改变了我们开支储蓄、投资理财的方式和理念。随着互联网技术更广泛的应用和场景化更纵深地开拓，未来互联网金融形态丰富灵活的程度，一定远超人们今天的想象。

然而，仍有很多人尚不能完全承认互联网金融的到来，或者不能主动拥抱新技术，比如我老婆。她也使用微信支付和支付宝，更享受着网上购物的便利，但她不允许我到P2P上理财，而我就是网贷行业的从业者。有一天，为了教育我，她发给我一条微博，大意是：A跟B借了5 000元钱，到期准时还本付息；后又跟B借5万元，B觉得A比较守信，便又借了，A又准时还本付息；后来，A又跟B借50万元，B觉得他很守信用，便又借给他，之后，A消失了。她认为，P2P做的就是这样的勾当。

像我老婆这样的人为数众多。据业内人士估计，在当下最火的网贷行业，全国投资人不过300多万人。人们更愿意把钱存在利息远低于P2P的银行。

我们的祖先敬天敬地，拜佛求神，是因为当时不掌握雷电风雨的形成原理。无数事例表明，恐惧源于对某个事物缺乏足够的认知。对互联网金融的恐惧，也是因为对互联网等新技术缺乏足够的了解。

是故，这本书是写给每一个现代人的。它直接来自金融秩序重建的现场，重点探讨这些互联网金融机构解决社会问题的技术方案（也可称商业模式）。

2

这本书采访了 31 位互联网金融机构的董事长或 CEO，涉及的机构类型包括：网贷行业、股权众筹、服务新三板、第三方金融服务机构，以及致力于互联网金融基础设施建设的金融科技公司等。其中又以当下备受关注的网贷行业为主。

文章采写的时间跨度为 2015 年 10 月到 2016 年 9 月。这段时间内，互联网金融行业呈现两条明显的线索：一条是，跑路事件频发，主动关门者也为数不少，尤其是泛亚投资陷阱、e 租宝事件、"中晋系"骗局等，他们或者被误解为互联网金融机构，或者有意打着互联网金融的幌子行线下非法集资之实，这些涉案金额均高达百亿元，甚至数百亿元的大案对互联网金融行业的冲击十分猛烈。

另一条线索是，在这段时间内，国家相关部门频繁出台监管政策和整治行动，使得原本野蛮生长、创新不断的互联网金融行业逐渐规范，但也导致低迷，创新受到一定程度的影响。

这些专访展现了这一阶段，互联网金融行业从业者的怀疑、观望，但又乐观、坚持的复杂表现。我发现，越是善于学习的人和组织，越能迅速适应市场和政策的变化；越是掌握技术的人，越乐观。所以，好贷网总裁李明顺的专访《我们的内心是颠覆性的》和开通金融 CEO 李欣贺的专访《互金基础设施建设困难重重，但价值很大》尤其值得一读。这些真正掌握技术的人，是行业的瞭望者和风向标，他们能让你更为清晰地把握未来的方向。专访涉及的内容相当广泛，而且均为干货分享，我就不再一一列举了。

值得补充说明的是，我做这些专访有着特殊的背景：之前，我做了十几年调查记者，2015 年 7 月转型到一家 P2P 机构任品牌总监。我过去的采访工作从未涉及金融，对品牌工作更是完全陌生。但我认为，要做好一家公司的品牌建设必须透彻地掌握这家公司及其所在行业的具体情况，找准公司在行业坐标里的位置。而采访是我所掌握的最好的学习方法。所

以，我正是抱着学习的心态开展这些专访的，问题设置得具体而全面，以
至于一个CEO跳起来问：你这是同行在挖料吗？有的专访质量不能令自己
满意，我就再约第二次采访。

这些专访完全无偿，均免费首发于网贷行业最为权威的新媒体"P2P
观察"上。在采访中，我谢绝了车马费和微信里的感谢红包，都是为了尽
量保证专访的质量。

所以，本书的内容很值得从业者和投资人参考。但沿用行业里流行的
一句话是"市场有风险，投资需谨慎"。这些专访均不可作为投资的依据，
因为各种风险无时不在，多少曾经风光一时的明星企业现在都已凋零。

3

2015年中秋节前的一个晚上，深圳市小铜人金融服务有限公司CEO
李小跳约我吃饭。席间，我提出专访优质互联网金融机构CEO的想法，但
苦于不再有记者身份。李小跳当即表示，我们可以给你这个身份，我们也
想做这件事情，但找不到人来做。

这就是本书的缘起。

期间，由于本人另有本职工作，所以小铜人员工石万佳、戴刚勇和风
铃等人也做了10篇专访。本书收录了本人20篇专访，小铜人员工刘珺、
李嘉芸、聂铿臻、石万佳、刘琴、吴儒孟等人或帮我收集资料，或联系采
访人，做了大量前期工作。这些文字是我们愉快合作的最佳见证和纪念。

吴风显

2016年11月3日

目　录

CEO 访谈

36 氪 CEO 刘成城：为创业提供"全生命周期"

刘成城

人物简介

刘成城，36 氪创始人兼联席 CEO。1988 年生，先后毕业于北京邮电大学、中国科学院等，兼中关村天使投资联盟副理事长等社会职务。刘成城也是活跃的天使投资人，成功投资了国内外数十家互联网公司。

企业简介

36 氪创办于 2011 年 7 月，是国内知名互联网创业生态服务平台，由 36 氪股权投资、投融资服务平台、36 氪媒体、36 氪研究院等业务构成，其旗下还拥有子公司氪空间。

核心提示

36 氪最初只是媒体，没想到有一天会成为集股权投资、投融资 FA 服务、媒体、联合办公等业务为一体的互联网创业生态服务平台。尤其在李克强总理提出"大众创业，万众创新"的号召后，36 氪更是炙手可热，广受资本追捧，目前，它已获得 D 轮融资，投资人包括蚂蚁金服、经纬中国等顶级投资机构。36 氪的成功得益于互联网和资本的共同推动，这两者为其发展提供了方向、资金和技术等，于是，决策层以及团队的决策能力、学习能力和执行能力就显得尤为重要。在这些方面，36 氪及其创始人刘成城都有着丰富的经验。

全生命周期地服务创业项目

问：36 氪是一个集创业服务、互联网金融、科技媒体于一体的综合体，如何分别从这三个维度描述 36 氪的生态？

刘成城（以下简称"刘"）：对，我们现在只有三个东西：创业媒体、创业金融、创业地产。总之，我们是早期创业项目的一个入口。

最早，我们给他们提供媒体曝光服务，到后来我们也顺带做金融，帮他们融资，比如互联网非公开股权融资、财务顾问等；创业地产项目叫"氪空间"，现在开了十几家连锁店，主要给早期创业者提供办公场地，这些创业者聚集在一起，其内部会产生一些化学反应。

现在，我们又提了一个概念，我们要为创业项目提供"全生命周期的服务"。就是说，我们对创业项目的服务原来只有"早期"，现在开始要往后延展，比如氪空间，现在是联合办公产品，中后期会成为独立的产品，使用独栋的写字楼或者独立的办公空间。再比如金融，现在有互联网非公开股权融资、财务顾问，中后期可能会有大型机构间交易的金融项目、媒体，我们也是全生命周期地覆盖。

问：36 氪的金融项目都是为企业服务的吗？

刘：对，我们所有的业务首先都是为企业服务的，其次是帮投资人赚钱。

问：您之前也说过，互联网非公开股权融资只是股权投资的形式之一，其实你们还有很多玩法。比如？

刘：比如财务顾问。这是偏线下撮合的，不是互联网金融。比如我们帮某个企业找到投资人。

问：互联网金融本身就是撮合平台，为什么还要发展线下的撮合平台？

刘：互联网金融是把股权拆散了再卖，相对来说分散一点。线下撮合是集中式的，比如我要融 2 000 万元，就找一两个投资机构全部解决。

问：从创新的角度，如何描述 36 氪的生态？我发现你们有很多创新的东西，你们的创新机制是怎样的？

刘：很简单，我们想要给用户提供更完整的体验，顺着这个需求和方向，我们的小团队用数据做决策，不停地创新。

问：为什么 36 氪有这样的创新氛围呢？相对于别的公司，你们有哪些特殊之处？

刘：我们比较关心未来，天天讨论问题，尽量折腾。这就是创新文化，没有创新就死了。

做的过程中不断求变

问：36 氪最早仅仅是一家科技媒体，之后是如何一步一步发展到现在这样一个创业服务机构的？

刘：核心驱动力是我们一直想做更多的事情来满足客户的需求。换个角度讲，我们一直希望通过我们的努力能在我们的生态里产生更多伟大的公司。我们越努力，就会发现需要服务的内容越多，我们就去做更多的东西。这是我们的发展逻辑。可能一般公司也有像我们这样的发展路径，但也有一些公司不理解我们做媒体的为什么做互联网金融，做金融的为什么又要做氪空间。

问：对！这彼此之间的逻辑关系是怎样的？

刘：没有逻辑。但我们的原则是，我们做什么只取决于我们想做什么，不取决于我们能做什么。只要我们想做，就找办法去做，我们自己没有能力做，就找人做。在找到人之前，我们就学着做。学习过程当中会遇到很多挑战，因为这种发展思路肯定比只做我们熟悉的业务更难。所以出现了很多的问题，但还好，摇摇晃晃走过来了。我们的创业是一个随机的事情，就是说，我第一天不知道要做后面这些东西，而是在做的过程中不断求变。

问：在这样的演变过程中，媒体做了几年，有了怎样的机遇，让你们去做互联网金融？又有什么重要的节点，让你们确定为创业企业服务的发展方向？

刘：我们的尝试主要在 2013 年、2014 年，到了 2015 年，差不多确定了服务方向，今年就开始做规模了。

2013 年、2014 年，我们只是一家创业媒体，有很多创业项目找我们曝光，之后就有很多投资机构找我们要联系方式，想联系他们，这很花我们的精力。所以我们就做了一个平台，让投资人自己在平台上面找项目。

问：这就是股权投资平台？

刘：不是。是融资平台。同一阶段我们还做了一个事情，就是我们当时的办公室有一半是空的，我们当时只有几十个人。我们就把另一半开放出来租给别的创业公司了。后来就演变成联合办公这块业务。当时，我们还试了很多别的东西，比如创业招聘等，但没上线就毙掉了，因为我们觉得不适合做。最后，互联网金融和氪空间这两个项目做下来了。先尝试，觉得可行，就投入重点资源，继续做大。

与巨头合作，为好项目解融资之忧

问：36 氪的经营状况如何？

刘：媒体这块在创投圈的第一影响力就不说了，我们还会持续影响整个行业。互联网非公开股权融资业务从去年 6 月份上线至今，平均单月融资七八千万元左右。今年的目标会大一点，希望今年能把互联网非公开股权融资业务项目做成创业项目的一个非常重要的融资渠道。

氪空间做得还算不错吧，现在全国有多家连锁。最重要的是我们把类似的创业者聚在一起，都是互联网创业，互联网项目基本上都是产品、技术、市场、融资、人才这些事情。你在这里会知道哪个团队技术牛，哪个团队产品牛，哪个团队市场牛，所以，你遇到任何问题都可以在这个空间内找到人来解决，你也能解决别人的某些问题，大家在同一个社群里互相学习，一起成长。这和企业文化一样。

问：氪空间的入驻情况怎么样？

刘：我们现在在北京、上海、深圳、杭州、南京、苏州、成都七个城市，共有 12 家 10 万平方米左右的联合办公场所，有三千多工位。这个数据每个月都在涨。现在基本上都是满的。

问：互联网金融累计的融资情况是怎样的？

刘：到现在，我们共帮近 100 家公司做了互联网非公开股权的融资。平均单个融资额在 800 万 ~ 1 000 万元左右，总共融资是 8 个亿左右。融资成功率在 90% 以上，公司都是我们自己选的。未来筛选出来的创业项目会更多，成功率肯定会降低。

问：向你们平台申请融资的项目不止一百个吧？

刘：申请融资的项目每月可能有数千个。但我们希望做精品，卡得非常严，所以上会讨论的只有四五十个吧，最终能上线的又不到 10%，上线后，成功融资的至少 90%。我们一旦放开，规模就做大了。

问：你们现在风控团队有多少人？

刘：六七个人。

问：今年是资本寒冬，你们如何把互联网非公开股权融资项目做成创业项目的一个非常重要的融资渠道呢？

刘：虽然说今年是资本寒冬，但还是有公司在融资。所以，那种原本没有多少投资价值的项目，以前在资本过热的时候也有机构敢投，只是现在融不到钱了。但好公司，比如美团、滴滴都很容易融资。

我觉得好公司不存在资本寒冬，甚至资本寒冬对好公司更有利，因为以前投资更分散，资本寒冬的时候，所有人都只投行业里的前三名。

如果36氪的互联网非公开股权融资业务也存在经济周期现象，那我们也挺惨的。所以我们希望做成无所谓资本寒冬的企业，那就要让更多好的项目都能成功融资。

备案制有利于公平竞争

问：互联网非公开股权融资是风险比较高的领域，36氪如何把握风险？

刘：首先，股权类的风控不是确保项目不失败。摩托罗拉说倒闭就倒闭了，诺基亚说没就没了，人家还有硬技术。所以，股权类的风控只能做到项目所披露的信息在当下是真实的，过去和当下发展得还不错，未来可能有前景。当然，我要提供数据、逻辑和市场定位来证明这些。关于未来的预期，我只能提供企业发展的逻辑，以及这个公司的创始人情况，它准备投多少钱，做什么业务等。预期不是现实，这是股权类风控非常重要的一点，经常有用户弄混淆。如果他认为我们选的是一个绝对成功的项目，那是非理性的，这样的用户我们不要。

问：如何保证提供的数据是真实的呢？

刘：我们会做尽职调查，也会借助第三方数据进行验证。但他们可能还会造假，那我们还有一个防卫措施：如果融资后，我们回头发现他当初的数据造假了，那么，这个项目的创始股东是有回购责任的。这两点基本上把股权类的风控做到极致了。另外，我们筛选下来的都是当下某个细分领域前三名的、增长速度靠前的公司。

问：众筹行业监管细则尚未出台，目前互联网非公开股权融资存在哪些问题？

刘：一些平台不是很规范吧。有些搞自融，自己给关联公司投钱；也有违反规定，单个项目的投资人超两百人的等。

问：您倾向于哪种方向的监管？

刘：我建议在监管细则出台之前，先划红线。因为制度出台的速度比较慢，赶不上互联网的发展速度。所以要先划红线，让大家知道哪些是不能碰的。

问：就众筹行业的监管而言，您倾向于牌照制还是备案制？

刘：我倾向于备案制，这样更公平，小型机构也有机会，竞争才会更良性。哪怕你是第一大平台，在备案制下，你会没有安全感，你必须发展得更好。所以备案制有利于整个行业的发展。牌照制下，小型机构没机会，拿到牌照的就高枕无忧了，这不利于行业的进步。

问：36 氪在互联网非公开股权融资领域已经是排名前列的了，但您还是希望备案制？

刘：对！说实话，对于我们这种已经发展得不错的平台，备案制会给我们带来竞争压力，但对整个行业是有好处的。

问：您觉得竞争对企业的健康发展更重要？

刘：对！

要像做产品一样做媒体

问：近期，媒体对 36 氪的报道更侧重互联网非公开股权融资业务，在一段时间内，互联网非公开股权融资是不是你们的一个宣传重点？

刘：是现在的一个重点。因为市场需求也比较大，我们觉得未来互联网非公开股权融资是一个很重要的融资渠道，而且我们也有能力做好这个事情。

问：互联网非公开股权融资在中国资本市场里的价值是怎样的？

刘：国家也提倡多层次资本市场的战略嘛，而且，政府真的要支持创新创业，最重要的就是金融刺激。我觉得在深交所、上交所、新三板等平台之外，互联网非公开股权融资更适合早期企业，它是一个非常重要的民间融资渠道，有利于社会资源的整合，而且投资机构投了你，肯定还会帮你，能把人的积极性完全调动支持创新创业。所以这是应该被鼓励的。

问：36 氪主要是靠媒体发家的，那么，在未来 36 氪的生态里，媒体定位是怎样的？

刘：媒体仍然是一个非常重要的地位，可以让市场不断了解我们，让创业者不断使用我们的工具。同时也是一个积极影响行业发展方向的重要窗口，能把行业当中正面的东西曝光出来，不断地让别人去学习，互相借鉴。

问：创业媒体、创业金融、创业地产这三块业务在 36 氪的生态里，各自的权重是多少？

刘：这三块一样重要。但人员的投入、资源投入肯定不一样，和业务形态相关。

问：新媒体正火，你在创办 36 氪之前并没有媒体从业经验，但你做成功了，你对新媒体创业者有什么建议？

刘：要像做产品一样做媒体。要非常清晰地知道你整个产品的读者是谁，你每一篇文章的读者是谁，然后专注地为读者服务，真的用心做好对他们有用的东西。

对于 36 氪而言，我们更注重整体表现。比如说一个人在 36 氪工作，去年一年写了 100 篇文章，回头去看，要能看到一种趋势，要有箭头感，就像在看这个行业的史记。微观内容上，稍微放弃一些文字修辞都是可以的，但要知道这篇文章在行业里的地位。比如你今天写某某公司的融资事件，它原来只是一个小玩家，突然拿到 1 000 万投资，变成中等玩家，或者它原来行业排名第二，拿到一笔投资后，可能变成第一，那么，这件事情必须要写，但不仅要写这件事情本身，还要把箭头感描述出来，这家公司拿了这笔投资后可能给行业格局带来怎样的改变。所以，对于我们而言，文字水平是次要的。

问：您是 1988 年生的？

刘：对。

问：这么年轻！您之前在接受媒体采访时说，对于企业的发展而言，稳健最重要，是任何时候都不能放弃的东西。您的稳健意识是怎样培养起来的？

刘：企业应该要长期生存下去，长期的增长才有价值。这可能是我们的价值观吧。

问：您现在的朋友圈是怎样的？

刘：以创业人群、金融人群为主。

问：您怎样更新自己的知识？

刘：跟各个行业里最好的人聊天。通过朋友介绍找到他们。因为这是最快的学习方式。如果我通过看书去解决一个管理问题，那要花更多的时间，而且那本书并不是为我定制的。我找一个专家聊天，他的答案是为我定制的。我跟他吃半个小时的饭，他可能为我解决困惑我很久的问题。所以与看书相比，我更看重实践出真知。

（本文作者：吴风显；采写时间：2016 年 4 月 21 日）

红岭创投创始人、董事长周世平：P2P 网贷还不能赚钱，但有其潜在价值

人物简介

周世平，深圳市红岭创投电子商务股份有限公司创始人及董事长，1968 年出生于江苏南通，早年来到深圳，专注于股票、期货投资。2009 年创办红岭创投。

周世平

企业简介

红岭创投于 2009 年 3 月正式上线运营，是国内成立最早的互联网金融服务平台之一，也是全国最大的 P2P 平台之一，至今累计成交额已达 910 亿元，共为投资人赚取了 21 亿元收益。

核心提示

近日，红岭创投董事长周世平在红岭创投官网论坛上主动曝光红岭产生的坏账约 5 亿元，坏账率接近 3%。无论是传统金融机构还是互联网金融平台，对坏账的披露都是慎之又慎，P2P 网贷行业甚至一直存在"零逾期""零坏账"的宣传，周世平此举可谓震动业界。但让人更为叹服的是，红岭创投平台并未出现挤兑等风波，而是风平浪静，运营如常。那么，是什么让周世平如此底气十足？红岭创投为何不怕挤兑、资金链断裂？它还能给整个 P2P 行业带来什么？周世平的回答值得所有互联网金融从业者认真咀嚼。

晒晒太阳更健康

问：红岭创投为什么敢自曝坏账？

周世平（以下简称"周"）：监管政策的出台要求 P2P 平台提高信息透

明度。但大部分平台都不愿意自曝坏账，怕影响投资人信心。有的平台平时把自己包装得高大上，团队有多强，零坏账等，给投资人的形象是完美的，可一旦发生坏账，处理不得当，现金流又跟不上，往往会导致资金链断裂。

但我们在信息透明度方面做得比较好，遇到逾期坏账等情况都与投资人及时沟通，这对投资人而言，是非常重要的信息。我们把5亿元坏账都公布了，在投资人看来，再坏也坏不到哪里去了，再产生几千万元坏账都不算个事儿。投资人自会判断，红岭创投累计交易额已经接近1 000亿元，收入是可以覆盖风险的，只是盈利少了而已。我们都是透明的，标的、抵押物都是真实的，能让投资人正确地评估我们的公司。所以我们没有压力。

另外，从公司经营上来说，红岭创投这么大，有这么多分公司，管理不可能全部到位，我们主动公布坏的一面，也会激发投资人对我们进行监督，他们会发现我们想不到的漏洞，可以帮我们堵住漏洞，这有利于我们健康发展。所以我说，晒晒太阳更健康。

我们的做法值得同行借鉴，但大多数平台没有这个底气，项目经不起深挖。我们的投资人如果来查资料，是可以看到借款企业名称等全部信息的。我们的大额项目必须委托银行贷给企业，这样做的好处是正规，有抵押物，银行才会贷给他，借款企业一旦不能还钱，就进入银行黑名单。而且我们手续齐全，可以及时处理抵押物，减少损失。其他平台做小额项目，看起来没必要这样做，还有的平台就是想做小动作，没办法阳光化。

问：请问你们如何实现投资人对平台的监管呢？

周：我们的分公司遍布全国，而投资人也来自全国各地。他们经常去当地分公司转一转，就能形成无形的监管，最起码分公司不敢乱来。我们的项目毕竟大额，借款人为了达到目的不惜动用一切手段影响风控，难免与部分分公司高管结成利益关系。所以我们目前坏账率接近3%，大约损失5亿元。

问：陆金所董事长计葵生近日公开表示，P2P行业坏账率普遍在15%～20%，你们只有不到3%，是不是有水分？

周：我们做大额项目，属于类银行项目，有将近3%的坏账已经很高了。银行的坏账率为百分之零点几。而且我们中间管理费空间不大，我们收取借款人的年化收益率最高到24%，普遍为15%～20%，我们给投资人12%，所以中间一般有6%的利息差，再去掉2%的坏账，扣除人员工资，平台是微利的。所以将近3%的坏账率已经很高了。但小额贷款项目靠高收益覆盖高风险，他们放款一般收取 45% 的年化收益率，但给投资人的只有 8%，中间有很大空间，即使是 15% 的坏账还有钱赚。而我们如果超过 3%，就可能不赚钱了。

问：您自曝的 5 亿元坏账指的是什么程度的坏账？

周：就是收不回来了。有的人都跑掉了，有的是抵押物不充分。至于逾期偿还的贷款比较常见，这不算坏账。

必须走向资本市场

问：产生 5 亿元坏账的主要原因有哪些？

周：我们刚开始做的时候经验不足，所以有个别项目抵押物不足。另外，有些分公司高管与借款人有纠缠不清的关系，或者是被借款人拉下水，内外勾结。我们一旦发生问题就会主动曝光，但同时也聘请法院、检察院、刑侦、经侦的辞职人员和退休人员进入红岭创投的稽查部，由他们调查坏账原因，将犯罪行为移交公安部门处理，为公司未来发展积累经验。一旦发生大额坏账，也通过他们加强资产处置。

员工的贪腐行为，每个公司多多少少都会有，我们主动曝了出来，并移交公安部门查处，对其他高管员工也是一种警示。

这么多年来，我们在这种问题上积累了经验，敢于曝光，主动爆料，让投资人理性投资，让他们明白红岭创投做这些项目肯定是有风险的。当然，在曝光时，后续措施也要跟上去。比如广州某纸张企业造成 1 亿坏账，就是我们主动曝光的，当时，我们准备了 3 亿元现金，防止投资人挤兑而导致资金链断裂。至于 5 亿元坏账的后续处理，我们也会不定期地通报最新情况。

问：在 P2P 网贷行业，不少平台通过发假标获得资金，再去覆盖坏账。

周：这就涉及自融。但我们的系统对接央行，全国共有十几家平台的系统对接央行。我们是不能做这个行为的。我们的垫付资金有多个来源，一是产生坏账的那笔贷款本身已收回的部分利息，出现坏账后全部垫付出去；二是平台增资扩股的资金本，我们有 200 多个股东，股东增加的投资有几亿；三是平台本身这几年的积累；四是提取风险备用金，我们刚刚将风险备用金提高到 2%。

接下来还要走向资本市场。未来两三年争取上市吧。

做大额项目最大的风险就是流动资金的问题。一旦出现坏账，涉及金额都很大，如果没有足够的垫付能力，容易导致资金链断裂，所以红岭创投必然要走向资本市场。

问：收购上市公司福建三元达，是您的个人行为，还是公司行为？

周：这是我个人针对互联网金融行业做一些布局，跟红岭创投没关系。收购三元达花了十几亿，是以我个人名义收购的，也有其他机构参与进来。

降低借款企业融资成本，吸引优质资产

问：大额项目在红岭创投所占比例是多少？所带来的利弊是怎样的？

周：我们从 2014 年 3 月份开始做大额项目，现在占到成交量的百分之五六十。做大额项目可以迅速做大平台，到 2013 年底，我们总成交量为 39 亿元。2014 年 3 月份开始做大额项目，到现在平台累计交易额已达到 910 多亿元。成交量主要是这两年做起来的。所以 2014 年是红岭创投的转型之年，做大额项目至少适应了公司当时的发展需求，对增加投资人收益，维护团队积极性都是有益的。

但做大额项目，风控措施要比小额项目难很多，我们即使挖来 40 多个传统银行高管，但坏账率还是偏高，平台只能是维持，有钱赚，但很少。我们开分公司的成本也很高，再去掉垫付的 5 亿，剩下的就没多少了。但投资人获得了更多收益，已经拿到手的有 20 亿，待收的还有 25 亿。

问：P2P 网贷做大额项目一直争议不断，因为涉及金额大，风险也大，而且属于银行不要的次级贷款。红岭创投是否面临着转型呢？

周：说大额项目风险更大，是不对的。关键在于风控措施。我们这两年的坏账率也就是接近 3%，而且呈下降趋势。之前做小额的时候坏账率最高达百分之七八。

最初，包括我们自己也估计做大额项目比较难。但这个模式目前还是良性发展的，还能坚持下去。我们会继续做大额项目，规模还会不断扩大，但比例会下降，不可能全部做大额。原来只集中在房地产行业，将来也会面向全行业，增加很多产品，包括合作方的项目，比如银行的，都拿到我们的平台上来，我们只收取手续费。向全行业扩展，品种增加了，风险就分散了。我们接下来要把坏账率控制在 1%。

问：如何保证这么低的坏账率呢？

周：目前，我们高管团队和分公司体系都搭建起来了，再加强中层和

底层员工的培训，减少坏账的目标是可以实现的。另外，我们主动降低借款企业的融资成本，把优资产吸引过来，风险更加可控。比如某大型房企也通过我们向投资人融资 4 个亿。其实该房企不是最早通过我们融资的大型企业，之前还有其他房地产企业，包括央企、上市公司，但我们不好公布。

很多平台可能以为向借款人收取百分之三四十的年化收益，平台更可持续，但实际上愿意承受这么高融资成本的企业，一般不是好企业。真正的好企业只愿意承受百分之十几的融资成本，因为它可以从银行获得年化收益百分之六七的贷款。但银行不借短期借贷，借款手续也比较复杂。所以我们主动降低收益，为这些优质企业做短期过渡的融资。

问：从房地产项目转向全行业的调整是否与二三线城市房地产不景气相关？

周：假如房地产行业还处于上升期的话，我们的放款资金量可能会大一些。现在确实根据形势进行调整。

继续本金担保，纯线上模式尚不成熟

问：您认为红岭创投自 2009 年上线以来，对行业的最大贡献有哪几点？

周：由红岭创投开启的本金垫付模式是非常重要的。之前这个行业没有本金垫付，投资人发展缓慢。之后同行纷纷效仿我们，原来观望的投资人也纷纷加入，加快了行业的发展。

问：2015 年 7 月出台的《关于促进互联网金融行业健康发展的指导意见》要求互联网金融平台去担保化，红岭创投还会坚持本金垫付吗？

周：去担保化是行业发展方向，但我估计政策也会允许个性化的存在，比如通过领取牌照的形式，允许部分有实力的平台做信用中介，具有担保功能，其他平台则做"去担保化"的信息中介。

红岭创投会对接监管政策，主动规范化。不过，我们可能会长期存在本金垫付。我们会针对不同的投资人对风险的不同偏好，设计不同的产品，有的担保，有的不担保等。目前我们已经开发了去担保化的产品，但交易额不大。这说明要有一个培育的过程。

问：红岭创投之前曾推出个人担保标，后来很失败，据说一度让您对网贷行业失去信心。

周：刚开始，我们用纯线上形式开展小额贷款，借款人也来自线上。为了降低风险，我们允许个人为借款人做担保。比如你在浙江，熟悉某个借款人，你就可以对他的借款行为进行担保，收取担保费。但在实践过程中，一部分人随意担保，扩大了风险，当时出现600多万坏账。之后就取消了个人担保标。

当时，这件事情确实影响了我对网贷行业的信心。当时不看好这个行业，尤其是纯线上模式，即使到现在，都还不成熟，因为国内的信用体系不完善。互联网技术在金融行业的应用主要在投资人获取方面。

现在网贷行业想要赚钱还是比较难，因为坏账严重。红岭创投引进了40多个银行行长，但还是有接近3%的坏账率，经营成本太大。但平台还是有其潜在价值，因为有庞大的投资人群体。未来三五年我们不一定能赚钱，但这些投资人将来会是很忠实的消费群体。未来我们有一些设想，但现在不方便透露。

所以，即使红岭创投自己没收益，但为投资人带来了几十上百亿的收益，我们还是很开心的。

另外，我做红岭创投主要是做长期的股权投资，将来上市了，才实现其真正的价值。我并不是想在平台上获取多大的利润。

要对整个行业的发展有信心

问：您对P2P行业的发展前景是如何判断的？

周：将来会得到很大发展。但前提是要与实体经济紧密结合起来，真正支持实体经济。这两年中国政府对互联网金融支持力度很大，就是希望互联网金融能真正支持实体经济的发展。

问：您的意思是现在的互联网金融行业尚没有完全与实体经济结合？

周：现在跟实体经济有些脱节，好多公司并没有把资金用于实体经济上。有的自融，有的用于平台自身建设，有的自己投资房地产，或者用于其他关联公司等。这种平台风险很大，因为没有真正的风控，没有防火墙。据我们了解，还是有不少公司这样做的。

问：有人认为自融是很安全的，因为用的是自己平台筹来的钱，会更加小心。

周：不是这样的。一旦他用钱没有防火墙的时候，很容易自我膨胀，盲目扩张，但投资有风险，一旦失败，平台承受不了风险，投资人就会受损。所以央行鼓励上市公司、大型国企加入 P2P 行业，可见早期的民营企业多不规范。

我希望投资人对整个行业要有信心，但投资人资金来之不易，所以投资前要认真研究平台。不能被他们获得多少风投的宣传所欺骗，有的其实是自己的公司投资自己的平台，并夸大融资金额。

问：红岭创投的系统是什么时候与央行对接的？大额项目委托银行放贷又是从什么时候开始的？

周：红岭创投的系统今年开始与央行对接的。大额项目委托银行放贷是从 2014 年就开始了。

问：那么在这些工作之前，红岭创投是否也存在过自融、假标等方面的情况？红岭创投是怎样一步一步走向合规的？

周：我们很早就和央行接触，所以知道什么是合规的，什么是违规的。我们没做过自融。不过刚开始的时候优质资产不多，我们的风控不专业，只要有项目就上了。另外，我还通过个人账户发过一些标的，但都向投资人说明这是用于我个人的资金周转。

问：2015 年 9 月份，融金所高管被经侦带走后，红岭创投为何联合多家平台主动找经侦沟通？

周：主动找经侦沟通是从整个行业考虑的，因为融金所的规模做得也不小，如果受到打击会影响整个行业的发展，也会损害投资者利益，所以我们希望经侦能保护行业，维护平台的正常经营，保障投资者利益。如果平台高管、团队有问题，可以处理他们，但要维护平台的正常经营。

这个事件也提醒我们要主动合规，才能避免监管细则出台后可能受到的打击。合规暂时加大了运营成本，但这个付出是值得的，只有这样才会做得更大，才会有更多发展机会。

（本文作者：吴风显；采写时间：2015 年 11 月 2 日）

拍拍贷 CEO 张俊：做屌丝"抓手"才能成为大赢家

人物简介

张俊，拍拍贷 CEO，毕业于上海交通大学，通过特许金融分析师认证（CFA Program）二级考试。曾任职于微软全球技术中心，中国互联网金融智库首批专家成员。光头、格子衬衫、酷爱段子和唱歌——拍拍贷的 CEO 张俊，堪称中国 P2P 界"元老级"人物，拥有多条个性化标签。

企业简介

拍拍贷 2007 年上线，它摸爬滚打走过了八年。从诞生到壮大，一直都如"苦行僧"般走得十分标准。拍拍贷，作为中国第一家 P2P 平台，对于整个行业都有着非同寻常的意义。

张俊

核心提示

"做互联网成为巨头的，哪一家不是抓住大部分人，如果你只是单纯做交易规模，将来肯定会死"。张俊认为，行业或许能有三年的爆发增长，之后就会进入相对稳定的时期，而且强者愈强。

如何在未来成为强者？张俊表示："互联网从来都是只有抓住大量用户，抓住屌丝用户，才可能成为大赢家，这是个很简单的道理。"

不喜欢唱歌的段子手不是一个好 CEO

张俊在 P2P 界的名声不仅来源于他的资历，还来源于他鲜明的个性——光头、格子衬衫、酷爱段子和唱歌几乎成了他的标签。曾有媒体人

对评述他"不喜欢唱歌的段子手不是一个好 CEO",笔者与他接触后,再同意不过。

问:能问一下您是什么时候换成这个发型的吗?

张俊(以下简称"张"):大二,所以有十几年的历史了。那个时候喜欢摇滚,所以就学别人留了很长的头发。回家的时候我爸说你怎么变成这副样子了?我说现在上海流行这个。然后我爸说不行,我们这里不流行,把头发剪短了再回来。我跟他争执了半天,后来就一气之下剃了个光头,从那之后就一直光头了。

问:我了解到您的专业是工科,其实是比较严谨的,但是感觉您是一个特别活泛的人,不像一个工科生。我知道您之前也有过很多创业经历,比如做过视频网站,还做过电商等,您是从小就有这种不安分的性格吗?

张:我不知道,但小的时候肯定属于挨过不少打的那种,是比较调皮的孩子。我小学毕业的时候我爸就教我开车,觉得他胆子挺大的。他当年是我们村的村支书,后来要提副镇长的时候,他不想干,就把工作辞了,贷款买了辆车开。我从初中到高中都跟着他跑货运做生意,有时候拉煤炭,从山上拉下来卖到下面厂子里,还会帮他算算账、管管钱,多少会有点影响。

问:所以您其实从小就被种下创业的种子了?

张:准确讲,那个时候应该叫做生意。所以也就一直会有想走这条路的想法。

问:我看见您在创业方面都是会选择与互联网相关的那种专业,请问您对创业方向是怎么选择的?

张:刚毕业出来时我进入微软,我们正好属于互联网一代,1996 年进入大学的时候开始接触互联网,那时候主要是校网、教育网、上学校的BBS 之类的。

那时候觉得互联网挺神奇的,大家彼此不见面就可以交流、沟通,很方便。到1997、1998 年的时候门户网站在中国出现了,发展也挺好,觉得互联网是个好东西,还能下载美女图片,简直太好了。

最后一次创业,苦行僧般走得十分"标准"

作为中国的第一家 P2P,拍拍贷似乎一直都如"苦行僧"般走得十分"标准",力求遵循 lending club 的路线。它始终坚持纯线上无担保的模式以及小额分散的个人消费贷款，而近期与招商银行进行的资金存款是业内首个"标准银行存管模式"。

问：您也算这个行业的开拓者，刚开始的时候有没有遇到什么困难？

张：一个是不知道怎么做风险管理，把钱借出去容易，收回来就很难。事先要做好风险管理，事后要做催收。另外一个是不知道怎么产生收入，不知道钱从哪里来，所以需要不断往里面烧钱。另外还有一个最大的困难是，所有人都不理解、不支持、不信任。

问：那您是怎么坚持走到今天的？

张：一步一步地。首先我们认为大方向肯定没有错，只是时间问题。第二我们认为风险管理是可以学习的，银行也不是第一天就知道怎么做的，也都是经过时间积累。第三是我们逐步找到了可以产生收入的方法，能够有收入。第四是前面已经三次失败，这次如果再失败就别创业了，别搞了，所以把这次当作最后一次创业，干脆多坚持一下。

问：前面几次的创业经历会给您这次什么经验性的帮助呢？

张：首先是大方向一定要对；第二是一个生意一定要有前景，就是能够挣到钱，比较容易产生收入。我们之前做的几件事情都找不到可行的商业模式，但做金融至少离钱近，在上面交易的就是钱，所以挣钱相对容易，我们经过一年多的时间就开始产生收入了。

问：那现在拍拍贷盈利情况方便透露吗？

张：我们现在还在亏损，但是亏损在逐步减少。明年上半年应该可以实现盈利，这是需要长期投入的一件事情。就像招商银行做信用卡，从2000年开始准备，2002年发放，基本到2010年才盈利，也是积累了八年。做金融就是要有一个长期的投入和积累，就在于你有没有耐心等待这一天。

问：您刚刚也提到风控是特别关键的，其实拍拍贷一直采用纯线上无担保的模式，那么对于借款人的追踪怎么实现？

张：我们有专业的催收团队，但最重要的是前端，怎么把这些骗子挑出去，进行很好的信用筛选。事后的催收手段只是补救性措施。

问：您刚刚说到咱们有一个黑名单，其实我看到网上有人置疑过，咱们这个黑名单公布了借款人的很多信息，会不会涉及隐私权侵犯或道德问题？

张：不涉及隐私权，我跟对方是有约在先的，我们事前签了协议，是专门有一个隐私协议，我们会告诉他，会收集一些什么样的信息，这些信息做什么用，也承诺会保护。但是如果他逾期不还超过了一定的时间，我们有义务把信息根据不同程度进行曝光，他必须同意这个，否则我们不提供服务。

问：您刚刚提到积累非常多数据，我看到您也一直致力于打造一个征信方面的系统，您有去申请征信牌照之类吗？

张：现在还没有，但有这个想法。我们现在积累了 60 多亿条关于 10 000万用户的各种各样的数据。

我们觉得即使现在拿到牌照，在应用方面也还很麻烦。我们国家的征信基本是刚刚起步的，即使我们现在有合作，或者去拿一个牌照，其实真实意义是不太大的。征信是整个风控体系的一部分，包括反欺诈，还需要非常长时间的积累。

现在外界对拿到牌照好像比较在乎，其实在我们看来，这个东西最终需要回归到业务，需要有应用场景的，而不是很飘忽。我们的征信首先立足于可以对更多客户进行风险级别的判断，让更多客户有这样的征信记录，征信报告在未来可以为他服务，我们觉得这个比单纯拿一个牌照意义大。

问：其实您这么多年走过来积累的数据也是非常宝贵的，之前行业里面也一直有呼声说大数据风控、行业共享等，拍拍贷会有这种想法吗？

张：未来我们会考虑做这件事情。拍拍贷有一个使命是"信用改变中国"，因为我们做这么多年来最大的感受是大量的人是信用空白的，因为我们国家此前没有信用体系，导致整个普惠金融的服务留下了很多空白。

我们认为只有某一天把信用体系建立起来，才能够真正把普惠金融的体系建立起来，让每个人都有资格都有权利能够得到金融服务。所以基于这点，未来拍拍贷一定会把我们的征信能力进行输出，为中国做贡献。

客观观察行业，抓住屌丝用户才可能成为大赢家

一路走来，和行业共同经历了八年时光，张俊对行业有着独特的看法。他认为行业或许能有三年的爆发增长，接下来就会进入相对正常稳定的增长过程，而且强者愈强。而对于拍拍贷的未来，他也有着独特的思考。

问：我觉得您在行业里的地位也是非常重要的，也是一路看着行业走过来。最近总成交量破了万亿，也有很多对于未来的那种展望，您对这些观点怎么看的？

张：我觉得任何行业都有这种乐观的看法，也有悲观的，也有比较客观中立的看法，而我是一个相对客观的观察者。因为看一个行业要看未来

它能够创造的价值是什么，在行业发展演进过程中什么样的企业会成为它的整合者，什么样的企业会被淘汰出去，再基于历史上行业内已经发生的事件，你就会得出我这样的结论或者判断，一个比较有逻辑的结果。

这个行当越往后发展一定是强者恒强，这个是毫无疑问的，因为一旦品牌做出来，积累的用户越来越多，同时随着规模的扩大呈现出明显的规模效益和网络效益的时候，其实最终会产生黑洞效应，吸引更多的客户群体，所以可能一家占的份额会越来越大。

所以我觉得这个行业从交易规模、参与人数上来讲，未来的五到十年会出现快速增长，现在可能是一个爆发增长的前夜，可能有三年的爆发增长，接下来就会进入相对稳定的增长过程。但是整个行业的从业者不会达到万以上，将来会逐步整合，数量会越来越少，而不是越来越多。

问：纯线上担保是拍拍贷非常大的特色，但其实后面也有做担保的、有线下做起来的，很多其他跟拍拍贷不一样的平台，您怎么看他们这几年发展这么快的现象？

张：很多人都认为拍拍贷不做担保、做纯线上平台，交易额会比别的发展慢一些，我想并不成立。在拍拍贷上我们的钱一直多得投不出去，所以我们的发展速度更多依赖于借款人的规模。你知道拍拍贷的一个借款人平均借 5 000 块，别的平台一个借款人借 500 万借 5 000 万，比交易规模没有任何意义。同样 1 亿元，我背后借款人可能是 2 万个，他背后借款人可能是 200 个，这个本身含金量不一样，大家选择的是完全不同的市场。

所以别人说我们慢也没什么问题，没什么好说的。这个就看谁的用户在未来能够成为赢家。你看现在在中国做互联网成为巨头的，哪一家不是抓住大部分人。如果你只是单纯做交易规模，将来就会死了。互联网从来都是只有抓住大量用户，抓住屌丝用户，才可能成为大赢家，这是个很简单的道理。

问：现在很多平台都想做财富管理平台，也有很多已经上线了的基金，拍拍贷未来有这个打算吗？

张：这是满足一站式个人财富管理的需要，我们还在考虑。我觉得先做我们自己的，把这三个事情做好就已经会比 BAT 的任何一家规模都要大了：第一，5 亿互联网非信用卡人群，这是一个几十万亿市值的市场；第二，3 亿中国白领的财富管理，这也是几十万亿甚至上百万亿的市场；第三，征信可能也是万亿级市场。我们把哪块做好都是不得了的事情，把三块都做好就更不用说了。

另外，面向用户、提升用户体验还有很多可以做的地方。比如我们的用户拿到现金贷款以后，他要去消费，这个过程中如果我再给他加上支付的部分会怎么样？用户在商场看中一个电视，直接拿着手机，告诉商家他在拍拍贷的账户里面有 1 万元额度的授信，刷一下就付款完成，接下来只要还款就好了。

（本文作者：石万佳；采写时间：2015 年 12 月 22 日）

PPmoney 万惠董事长陈宝国：
2016 年要做到 500 亿

人物简介

陈宝国，PPmoney 万惠董事长兼创始人，亚太区互联网金融产品研发专家。同时担任广东互联网金融协会会长等社会职务。

企业简介

PPmoney 万惠成立于 2012 年 12 月 12 日，原名为万惠投融，于 2014 年 4 月 16 日正式更名为 PPmoney 万惠。PPmoney 万惠不仅是广东互联网金融会长单位，更被称为行业的"黄埔军校"。至今累计成交额已达 282 亿元，共为投资人赚取了 5.2 亿元收益。

陈宝国

核心提示

据媒体披露，PPmoney 万惠即将登陆新三板，成为中国网贷平台上市融资第一股。在日前接受 P2P 观察记者独家专访时，其高管表示在即将到来的 12 月份，PPmoney 万惠还将发布重磅新闻，均事关平台对互联网金融行业的深度布局。这是一家怎样的平台？为什么是它成为中国网贷第一股？它从何处来，又向何处去？它对整个行业的启示又是怎样的呢？

PPmoney 万惠董事长陈宝国日前接受了 P2P 观察记者的独家专访，详细梳理这家平台的来龙去脉。但拆解以下洋洋洒洒数千文，最后只剩下理财超市、深度垂直、移动理财、全球配置资产、智能推荐、流程化、标准化等几个名词。而这些名词正部分代表了互联网金融行业发展的方向。唯有站在山巅，俯瞰全局，才能把握行业发展的方向和脉搏，才能保证自己的平台在正确的时间踩在正确的节点，最终立于不败之地。

行业趋势："去 P2P 化"

问：P2P 行业跑路新闻不断，您个人的从业感受是怎样的？

陈宝国（以下简称"陈"）：这个行业已经到了第二阶段。第一阶段是"百花齐放、百家争鸣"，第二阶段"春秋"阶段，逐步演变到"战国"期。目前火焰很大，但是上面的水还没煮沸。比如说，整个行业的投资人还是小众群体，到今年底也就是 300 万而已。去年底只有 100 万实际投资人。今年国家十部委出台了《关于促进互联网金融行业健康发展的指导意见》，投资者教育也正在全面展开，投资群体正处于大爆发的前夜。

现在，从国务院到各省市政府都在推互联网金融建设。最近我也频繁接到来自全国各地政府的邀请。尤其地方政府迫切希望互联网、互联网金融能够服务"三农"。为了改善农户融资需求，一些地方已经推出农产品众筹、水果众筹等。

早期 P2P 行业的资产是单一的，都是车贷、房贷等，现在都在寻求各种资产端，包括农村的农产品众筹等。其实，农户只需要几千元、几万元就能解决问题，但传统金融都满足不了。现在，通过互联网金融平台，城里人可以为农户提供资金，而农户只需要反馈绿色农产品就可以了。这个市场会非常大。可见，中国的金融压抑太久了。

问：确实是遇到了千载难逢的机遇，但现在互联网金融平台也很多，您对 P2P 整个行业现状的分析是怎样的？

陈：P2P 行业已经获得政策支持，政府也深度介入，行业正出现明显的马太效应，强者越强，弱者越弱。此外，P2P 行业呈现出"去 P2P 化"的现象，也就是理财端更趋向"理财超市"，更注重资产配置，不再是单一的 P2P；投资人的需求也越来越多样化；而资产端更为细分化，呈现供应链金融、消费信贷等模式，每个细分市场都在全面耕耘。

问：那么，PPmoney 万惠的未来战略是怎样的？

陈：PPmoney 万惠一直没把自己定位为 P2P，而是理财平台、资产配置的平台，未来会有各种理财产品，有固定收益的，有浮动收益的，有产品众筹的，有股权众筹的等。

这反映了投资人的多样化需求。以前的投资人以中低端为主，投资 1 万元以下的占 80%，现在高端投资人越来越多。以前我们不太欢迎投资金额太大的投资人，因为他们的进出对平台影响很大。现在我们做分层服务，比如为投资 50 万元以上的用户配备理财师，为他们提供理财意见等等。

问：国内也有很多平台都在往"理财超市"方向发展，PPmoney 万惠的特色和优势在哪里呢？

陈：理财超市是大概念，但差异化很大。有的做信托，有的做公募基金、私募基金，有的专门卖第三方产品。而 PPmoney 万惠以自主生产的产品为主，第三方为辅。

PPmoney 万惠和陆金所有很大不同，我们一开始就定位为移动理财、理财超市和智能推荐（为用户画像，为其推荐适合他风险偏好的产品）。现在我们 80% 以上的成交量都是在移动端实现的，未来要达到 90% 以上，而陆金所目前仍以 PC 端为主。我们在这方面把握住了行业的发展方向。

2016 年实现 500 亿元成交量

问：最近几个月来，优质资产都比较紧缺，为什么？如何解决？

陈：有几个因素，第一，随着政府不断为互联网金融行业正名，并出台相关规定，这吸引了不少新的投资人加入，而原来投资金额小的用户增加了投资。第二，股市跌宕起伏，很多资金流入 P2P 平台。第三，制造业不景气，中小企业扩张的资金需求越来越少。

不瞒你说，PPmoney 万惠也缺优质资产，甚至只能满足 30% 的需求。最近好一些了。因为每年 11 月 20 日以后，银行就不放款了，所以银行的资产就释放出来给了互联网金融平台。

问：这是短期的缓解，就长期而言，如何解决优质资产紧缺的问题？

陈：PPmoney 万惠做的是供应链金融，围绕上市公司核心企业的业务发展非常迅速，因此带来多样性需求。我们正在全力推动消费金融。明年消费金融我们要实现 100 亿元的成交量。供应链金融实现 250 亿 ~ 300 亿元的成交量，其他产品 100 亿元。所以明年我们有 500 亿元的市场规划。

问：PPmoney 万惠 2012 年上线以来，至今累计成交量还不到 300 亿元，为什么明年一年就能实现 500 亿元的成交量呢？

陈：互联网有倍增效应。我们到 2014 年底累计成交总额 40 多亿元，到 2015 年底可以实现 290 亿元（截至发稿日累计成交 280 亿元），也就是说，2015 年全年实现 250 亿元交易量，比之前翻了 6 倍。而 2016 年 500 亿元，只是今年的两倍而已。实现目标问题不大，实际成交量只会多，不会少，就看我们的资产配备情况了。

问：为什么这么有信心？

陈：这不是信心。这是互联网金融行业的特色，有倍增效应。500 亿元还是保守数据。别的平台也可以实现这种发展速度。

我们在推广力度上一直偏保守。接下来会增加推广力度。我们现在有 600 万注册用户，约有 60 万活跃用户。待良性发展后，2016 年"五一"前要达到 1 000 万注册用户，2017 年突破 3 000 万人。主要是资产端要能匹配。资产端会按照自己的特色和方向，加大自主生产的能力，增加第三方产品，如公募基金、私募基金、信托产品等，理财产品丰富多彩。要做到"理财端横到边，资产端竖到底"。

问：P2P 平台投资者收益率在不断下降，平台的运营压力是不是也在增加？

陈：平台给投资人的收益率逐年降低，是整个行业良性发展的前提，现在行业平均收益率为 12%，年底会降到 10% 以下，这才是良性利率。利率高不是好事，对实体经济没有好处，借款人压力非常大。降低利率是永远的制胜法则，特别是优质平台都要降到 7% ~8%。

这对平台的公信力、风控能力、运维能力的要求越来越高，所以只有越大的平台才更有竞争力。

问：PPmoney 万惠今年呈现爆发式增长，外界也在质疑，你们没有融资，营销推广的费用来自哪里？

陈：第一，我们有很强的盈利能力。第二，我们对这个行业理解非常深，做得早，不会乱花钱，用好免费资源，比如百度、YY 等，当时的很多资源都很便宜，而且至今为止，PPmoney 万惠并没有大规模打过广告，我们主要是靠口碑传播。第三，在即将到来的 12 月份，PPmoney 万惠会有重大的关于资本市场的消息发布。因为我们以产品为王，我们对行业和产品的理解非常深，胸有成竹。

风险不可怕

问：您以上的分析都是乐观的，但 P2P 平台跑路频繁，问题多多，展示外界的形象并不好，您怎么解释？

陈：良莠不齐是正常现象，任何行业都是如此。这个行业只有少数动机不纯者，很多平台的倒闭是因为系统安全防范不够导致挤兑。很多平台买的是公共模板，非常不安全，对黑客攻击毫无还手之力。黑客封锁一周，企业基本上就垮了。

所以互联网金融行业既要做好互联网，也要做好金融，要做好网络安全工作，也要做好金融风控。我们还要了解中国市场，我们不是跟银行比，不是与 BAT 比，我们要找到自己的利基市场在哪里，互联网金融要重度垂直，不能今天做车贷，明天做房贷。房贷、车贷、供应链金融、消费金融等，风控体系都不一样。所以，资产端和风控都要重度垂直，风控要线上、线下相结合，用好大数据。一定要建立独特的风控模型，并能全国复制，就是实现专业化和标准化。

问：PPmoney 万惠是自己的独立系统吗？

陈：我们一开始就是自己独立开发系统，IT 部门有 150 人左右。

问：陆金所董事长计葵生日前披露 P2P 行业坏账率在 15% 以上，你们呢？

陈：不同的金融产品坏账率是不一样的，比如信用贷款、供应链金融、消费金融等都不一样。我们所做的供应链体系，目前坏账率是零，我要求不能高于 3%。我们未来要做消费金融，我要求坏账率不能超过 5%，我们会深度耕耘供应链风控体系和消费金融风控体系。

问：有朋友说，PPmoney 万惠的风险很大，董事长陈宝国经常睡不着觉，每天要做头部按摩才能入睡。是这样的吗？

陈：我更多的时间在思考企业的战略和未来，但这行业没有榜样。我国金融压抑太久了，我在研究这方面，要有理论也要有实践，就要去思考，要读很多案例，要研究电子商务、移动金融、社会化营销、金融服务的营销等。任何事情，要把它做好都要先做加法，再做减法，加法要无穷大，减法要致简。又不能照本宣科，理论要结合中国的实际，要不断纠错，专业的东西还要做到标准化。所以互联网＋金融的每一个细节都要研究。还要研究政治、市场动向、国外的经验等，中国其他人犯过的错误不能再犯。

问：原来您是在思考未来，而不是为风险所困。

陈：风险不可怕，做金融的人要学会发现风险，化解风险，才能控制金融风险。要做到流程化，业务流程和风控流程要分开。之上是顶层设计，业务模式和产品模式决定下面的风控模式。比如我们要做消费金融，就要做消费金融风控模型，我们整理出来要关注的指标多达 500 项，80%的指标要实现机器定性和定量。我们还要用案例去测试，案例的积累非常复杂，创新工作非常多。尤其是把专业化的东西做到标准化是很难的。

互联网金融是规模第一，利润第二。做规模一定要标准化，否则做不了。未来互联网金融行业将会产生千亿级、万亿级规模的企业，所以要做到标准化、流程化、系统化，以前没人尝试，所以我们要去思考、检验、广泛阅读、论证交流、实践，最后反馈回来不断整理。

未来诞生万亿级互联网金融平台

问：在您的描述里，PPmoney 万惠是一家非常不错的企业，为什么今年走了一批高管呢？

陈：我们已经被挖走三四拨人了，广州同行有 60% 都与我们有关，所以 PPmoney 万惠被称为行业里的"黄埔军校"。PPmoney 万惠的体量在不断扩张，走了一些人，但外面的人也在进来，包括渣打银行的、工商银行的等，我们也从各方平台挖人，高层不断换血。

我深刻理解这个行业，对此胸有成竹，人员变动对于一个高速发展的行业、企业都属于正常现象，一切尽在掌握中，一部分人走了才能实现高层换血，为企业带来新的动力。我说过，做互联网金融平台，任何人都可以被替代，这不是开饭店，一个大厨走了就不行了。

问：您在大学读的是中文，怎么闯进金融行业了？

陈：我最早也喜欢研究哲学，甚至模仿黑格尔躲在桶里抽烟，高中还成立过马克思主义研究会。大学读中文，空闲时间多，就学金融，金融是爱好。我在 1988 年研究期货，那时中国市场还没有期货，为了研究，我搭火车从贵州跑到深圳学习期货。1989 年我研究股市，学校图书馆崭新的股票书籍被我翻烂了，最后没还。那时我还研究日本经济史、韩国经济史等。

毕业后教书，又安排去办校办工厂，经营过程中跟银行紧密合作，那时候，我又开始研究摩根士丹利、高盛的历史，以及美国金融史等。后来合作银行行长被调到深圳，我就跟过来做银行的三产部门。

那时候，外资银行开始进入深圳，包括淡马锡、高盛、摩根士丹利等，我对他们很感兴趣，就跟他们做朋友，帮他们协调一些中国事务，跟他们学了很多东西，包括不良资产的处置等。后来创建广东太平洋资产管理有限公司就与这段经历相关。

2000 年初，已有很多美国在线金融方面的书翻译到中国了。但书店买不到，只好从图书馆借。2003 年、2004 年，我下功夫研究在线金融，研究日本，韩国，中国台湾、香港等国家和地区的经济、金融，还研究墨西哥等第三世界国家怎么做在线金融的。我发现中国当时尽管经济蓬勃发展，但金融一潭死水。所以就想着怎么让在线金融在中国落地。自己不断去全国各地考察民间借贷现状，去研究青岛、重庆、江苏、温州等地不同的民间借贷模式。

那时候，一直想把在线金融在中国做起来，但不知道怎么做。2011年研究了一下中国第一个P2P平台"拍拍贷"，但觉得他们的模式不符合中国国情。

2012年3月份注册万惠投融（PPmoney万惠前身），但还不敢动，我们一直在做合规论证，还联系了好多交易所。当年4月份陆金所上线了，它有平安银行的背景，我觉得可以了。但还是拖到12月份，谈妥了交易所，万无一失了，才正式上线。当时我们的产品都在交易所挂牌。

问：现在，PPmoney万惠的产品都在交易所挂牌吗？

陈：并不是的，挂牌交易所主要是解决合规性问题。现在没有合规性问题了，所以我们减少了在交易所挂牌的产品。

问：这个行业最缺的不就是透明度吗？你们为什么要倒退呢？

陈：但透明了没用，投资人不买账。原来做到100%透明，也没人大书特书，我的客户反而被人弄走了不少。

问：针对整个行业诸多的不良发展现状，作为广东省互联网金融行业协会会长，您有何建议？

陈：这个行业未来将造就一批千亿级、万亿级的企业，将会改变中国人理财的方式，建议从业者不能浮躁，且行且珍惜；做好自己的细分市场；互联网金融行业是马拉松行业，一定要持续不断往前跑，不能快，也不能慢；要与政府搞好关系，要用好政府对行业大力支持的政策；最后呼吁各种媒体，对于这个行业要不断输出正能量，不能打击整个行业。

（本文作者：吴凤显；采写时间：2015年11月20日）

PPmoney 万惠联合创始人胡新：
先做大规模，再做利润

人物简介

胡新，PPmoney 万惠互联网金融平台联合创始人、中山大学硕士、北京大学EMBA 讲师、广东金融学院校外硕士导师。

核心提示

就像捡到糖一样，PPmoney 万惠的联合创始人胡新总是笑嘻嘻的。笑容背后体现的是一种自信。其董事长陈宝国展现给记者的也是一种自信。通过采访，我发现他们的自信源于两个方面：一是公司决策层对互联网金融行业有相当深刻的理解，他们认为他们对互联网金融行业的发展方向有十分精准的判断；二是源于资金链安全的控制能力。

胡新

说到底，互联网金融是一门资金链控制的艺术。成为国内互联网金融公司登陆新三板的第一支股票，则是 PPmoney 万惠控制资金链安全的重要工具之一。依托于此，他们接下来将会玩得越来越大。

求快，也求稳

问：PPmoney 万惠明年一年要做到 500 亿元成交量，而全国 P2P 平台有数千家，竞争激烈，你们为什么能做到这么多？

胡新（以下简称"胡"）：虽然平台很多，但几年下来，好的越好，差的越差。全国排名前 20 名的平台约占 70% 的交易量，后面的成交量都不高，有的甚至是僵尸平台。而我们现在每天成交 1.4 亿元。前几年鱼龙混杂，投资人无法辨识好坏。通过几年的沉淀，投资人也在分析考察，知道哪些平台是有实力的。我们是老牌平台，投资人比较认可。前几年，投资人为了降低风险，分散投资多个平台，但实际上太过分散，中雷的概率会更大。今年投资人都投到 PPmoney 万惠了。所以我们今年发展得特别快。资金量大。

另外，今年有一批互联网、房地产、银行等有背景的商业机构都进军互联网金融行业，这都是很好的市场教育，整个互联网金融行业的客群因此得到更快的发展。另外，这些机构也会投一些资金在我们平台，成为我们的用户，他们通过这种方式学习互联网金融。

问：PPmoney 万惠获得更多投资人信任的原因有哪些呢？

胡：第一，我们董事长宝叔（编者注：指 PPmoney 万惠董事长陈宝国）做了十多年的民间资产管理，对民间借贷有自己的认知和理解。PPmoney万惠的商标也早在 2006 年就注册了，宝叔是研究型人才，他早就在布局，一直在等待今天的金融局面。今天我们走的每一步都是原来设想好的。

第二，我们的高管团队现有四五十人，都是互联网、金融、营销等领域的专家，彼此认识多年，相互信任，默契程度很高。这个行业里不少公司高管间有矛盾，走着走着就不见了。

但 PPmoney 万惠始终是一个很稳健的公司，不管产品、宣传、风控、营销风格都是稳中求进的，棱角不是特别分明。这和公司一把手有关，宝叔和我们本来就有家有业，而且发展都不错，不要做着做着被关起来了，所以我们的发展偏保守稳重的风格。但我们的想法是很互联网化的。现在回头看，我们发现稳中求快其实符合互联网金融行业的发展属性。互联网行业求快，金融行业求稳，水火相克，但也相生相济。运作得当是可以相互补充的。发展得特别快，可能成为流星；特别求稳，可能做不大。作为 PPmoney 万惠董事长及最大股东，宝叔从来没有要求马上挣钱，而是提醒我们要亏本。要求在安全情况下先做大规模，再做利润。所以 PPmoney 万惠的发展既要保证规模，也要保证速度。但是很多老板要求马上挣钱，甚至捞一笔就跑。

问：你们的优势还体现在哪些方面？

胡：我们产品为王的战略方向非常正确。我们的产品是多元化的，有面向中小企业的企业借款，有面对小贷公司和典当行的业务，也有供应链金融，以及国内、国际融资租赁业务；有 2B 的，也有 2C 的业务等。产品多元意味着我们抗系统风险能力比较强，单一产品受行业的影响非常大。多元化的另一个好处是，我们的资产规模可以做得非常大，供应链、融资租赁、消费信贷都做。我们还对资产风险和收益进行分层，使收益和风险相匹配。

互联网金融将会消失

问：去年以来，PPmoney 万惠突然爆发性增长，很多人质疑不是稳增长，觉得里面有些问题存在。

胡：第一，外面的人原来不关心我们，突然发现我们发展起来了才会有质疑。其实互联网本来就有曲线上扬的发展规律，我们是一步一步往前发展的。

第二，我们是厚积薄发。我们在宝叔的安排下一点一点推进。互联网金融原来是资金为王，到今年是资产为王。资金已经没有太大问题了，我们的资金端全是互联网的。我估计明年还会进一步扩大，只要资产没问题就会有更大的发展。

我们每走一步都是有计划的。这个行业还没到爆发的时候，后面还会继续爆发。

问：资金端没问题，资产端会有哪些突破？

胡：三箭齐发，供应链金融占40%，消费信贷占40%，代理金融市场上的金融产品占20%。多元化的配置，给理财人更智能的选择。不同的资产对应不同的风险和价格，不同程度的保本保息，担保机构的能力和兜底的能力都是不一样的。

问：在同行中，你们只关注分析陆金所，这是否意味着你们对这个行业的发展方向是一致的？你们对行业发展是怎样的判断？

胡：第一，互联网金融行业现在属于政策红利期，因为没有出台行业监管细则。任何事情都有利弊两面，出台细则规范行业发展，但也会增加监管成本。未来，我们给投资人的年化收益会越来越低，最后普遍在10%以内，这是正常收益，否则不符合金融的本质。有的平台太高了，蕴含着很大风险，超出了金融的本质。

第二，互联网借贷，或者理财，加起来就是互联网银行。银行、保险、证券都将高度互联网化，都通过互联网提供产品和服务。所以互联网金融将会消失。比如保险，阿里不久前推出扶老人险，这就是典型的互联网保险产品。再比如，今天花3毛钱买一个淋雨险，明天下雨了，保险公司就赔你2块钱。互联网理财具有碎片化、小额化等特征，我们要利用互联网为老百姓提供丰富的金融服务，这是未来的发展方向。PPmoney万惠看到并很早介入，享受这个发展的红利，为投资人提供综合理财平台，用大数据为借款人提供便捷的融资方案，降低坏账率。

现在借款人融资成本还是很高，是因为坏账率偏高。所以降低了风险，借款人融资成本自然就降低了。这是互联网金融行业未来努力的方向。

十年磨一剑

问：PPmoney万惠会成为怎样的平台？

胡：PPmoney万惠看上去只是个平台，但实际上是一个集团，用不同的主体服务不同的人群。PPmoney万惠未来要搭建一个金融生态，框架会很大。

问：您刚才提到PPmoney万惠就是否发展线下而纠结，为什么呢？

胡：资金端都来自线上，现在已成定论，做线下的没有希望了。资产端目前主要还是线下风控，目前很难用大数据风控，但线下运营成本太高，未来必是线上风控为主。现在，消费信贷已经开始采用大数据了。所以我们纠结的是，要尽快做大规模，资产端就要做线下布局，但也许做两年，线上又成为主流，线下的投入就造成很大的浪费。我们认为这个速度可能是很快的，所以我们要用自己的方式做好合理的布局。

问：宝叔和您年龄相差多大？

胡：13岁吧。我之前在交通部驻广州的机构做信息化建设工作。

问：你们俩年龄相差这么大，是怎么走到一起的？

胡：我们2004年就认识了，那时我刚毕业，宝叔30多岁，他对互联网感兴趣，但还没有触网，而我对互联网很熟悉。当时他经常主动找我喝茶聊天，每次都是他主动。今天回想起来，他可能是想和年轻人做朋友，学习互联网，是在布局。我原来只是觉得这个老板挺好的，经常请我们喝茶吃饭，我也没什么事，就和他一起研究一些东西。今天想起来，他是有目的的。

2010年，他就开始研究互联网金融了，想要做这件事情。那时我们在广州购书中心待了一年。周末，一待就一整天。他每次在管理类、金融类书柜一站一整天，中午就去星巴克吃面包。

问：您那时没谈恋爱吗？

胡：谈啊。但周末都被他拖着。我们每次都买1 000元左右的书，因为再多就扛不动了。看到好书就藏起来，第二天再来买。

我是被他搜着的。他喜欢研究新方向，研究怎么把传统金融放到互联网上，研究国外的在线金融模式和国内的拍拍贷，就跟公司高管讲，高管们觉得老板脑子被驴踢了。只有我和他在弄这事情。他每天和我讨论，讨论了一两年，讨论最多的是政策风险，我们都有家有室，而且公司发展得挺好的。我们咨询了很多律师，但没有判例，所以直到 2012 年初才开始招兵买马，当年年底平台上线。

（本文作者：吴风显；采写时间：2015 年 11 月 21 日）

人人聚财创始人许建文：金融不是资源，而是服务

人物简介

许建文，北京大学经济学硕士，人人聚财网创始人，P2P 3.0 模式倡导者，首次提出利用互联网平台推动民间金融阳光化，现任人人聚财电子商务有限公司董事长。

企业简介

人人聚财是中国最早的网络信贷理财平台之一。2011 年上线至今累计成交量已突破 100 亿元，累计为投资人赚取近 3.9 亿收益。它致力于为个人及小微企业提供专业的金融信息服务，曾提出 P2P 3.0 模式，并实践合伙人制度。

许建文

核心提示

人人聚财创始人许建文刚刚 30 岁，但看上去老成持重，与实际年龄不符，这或许与四年的创业经历有关。但在接受采访时，他并未谈及创业艰辛。

2011 年人人聚财上线，至今四年，但累计成交量刚刚突破 100 亿元，这一数据在狂飙突进的 P2P 行业并不算漂亮，但许建文认为，稳健是金融行业该有的属性。他们专注车贷和房贷，有条不紊地开设加盟店、直营店，并建立合伙人制度，都是为了在互联网金融行业监管细则落地，行业大洗牌之时，能有实力与强手如林的竞争对手"拼刺刀"并生存下来。

专注车贷和房贷

问：您创办人人聚财时二十几岁？

许建文（以下简称"许"）：27 岁。

问：好年轻啊。人人聚财已经创办四年了，您现在的心态跟当时有不同吗？

许：差别挺大的。原来想着赶紧做大做强，挺在乎规模啊、品牌啊、影响力啊等。但最近一两年，行业爆发式增长，但又鱼龙混杂，跑路倒闭频发。整个行业非常浮躁，我反倒在琢磨这些平台将来是否都能活得下来。

比如说我们做车贷，现在很多城市，一个城市有五六十家公司在做，能全部活下来吗？当你看到未来的结果时，你就会想，我们今天还是回归初心，服务好客户，给客户最好的体验；把团队打造好，当你 IT 系统、培训机制、风控体系、组织管理都构建完成了，就可以在你的能力边界内提速。在没有准备好的时候，千万不要着急。

将来，行业监管细则出台了，会加速行业的洗牌。我们做好了洗牌和"拼刺刀"的准备。我相信将来一个城市做车贷的 P2P 平台有两三家就可以了。

问：人人聚财的主要产品是什么？

许：主要是车贷和房贷。我们现在主要有两个资产管理部门，房产金融部和汽车抵押贷款部。房产有赎楼业务，有红本抵押的。我们汽车抵押贷款规模已经做到全国第三。汽车抵押贷款是一个相对比较标准化的产品，风险应该相对可控，至少不是纯信用贷款。但很奇怪，这个产品全中国没有一家传统金融机构在做。至少我认为房和车是老百姓比较便捷的资产和融资工具。连这么标准化的产品，传统金融机构都不提供贷款，那我相信面向小微目标客户群的金融市场十分广阔，我们可以创新很多产品，提供更精准的服务。

问：这两块业务很多平台都在做，竞争会不会很激烈？

许：竞争还不够充分。我们现在做的汽车抵押贷款的客户群基本上都是贷款中介介绍的。什么意思？一个客户想抵押车辆借钱但不知道从哪借，只好拨打贷款中介发的小卡片。

深圳现在有二三百万辆车，百分之一的车主有借款需求，咱们深圳的车主借款金额一般在十万左右，贷款总额就是三十个亿。而在深圳各平台中，人人聚财算是做得比较大的了，但一年也就一个多亿吧。所以这个市场还很大很大。

问：这种客户借款用途一般是什么？

许：绝大部分是做小生意。借五万、十万周转一下，他们可能在深圳没房，但有车，便于做生意。

人人都是金融家

问：现在 P2P 平台同质化很严重，您如何描述人人聚财的商业模式？

许：这两年特别流行共享经济的概念和合伙人制度。我觉得人人聚财是合伙人制度在互联网金融行业的实践者，我们在组织架构上有合伙人制度的设计。

合伙人就是有一个大后台支持的中心，但前端的每个人都有一定的决策权和指挥权，有足够的自由度服务好客户。这个中心要求我们的 IT 系统能在指挥作战时有足够的效率，我们的培训体系要培养一个个非常优秀的班长、连长，我们风控体系能设计模型，装入征信数据，供前端决策，但前端又有灵活自由度，比如价格打个折，或者提供更好的服务，让他们变成真正的合伙人。中心还包括企业文化等。

问：您所说的前端指的是加盟店吗？

许：我们有直营店和加盟店，在全国共有近六十家网点，其中加盟店有十几家。加盟是别人投资，我们管理经营，直营是我们投资，我们自营。加盟店、直营店的经营团队都是事业合伙人。我们还有一种合作模式，是指一些大公司输出资产，我们输出资金。也就是，我们帮他们卖资产。

问：直营和加盟的经营团队都享有股权？

许：都享受这个门店的股权，参与这个门店的利润分红。各个门店是独立核算的。这样他们就变成合伙人了，按照利润分配，就能拿到百万年薪。所以我们在 2015 年推出的百万年薪城市经理计划在业内影响很大。我们的这种合伙人理念应该算是业内第一家。我们 2015 年发展速度特别快，这跟合伙人制度有很大关系。

问：合伙人制度并非仅仅是公司管理层持股？

许：不仅仅管理层持股。我们是去中心化和碎片化，把指挥权前移。传统金融是收紧的，建设中心化，他们很少这样做。

问：我发现近年基于移动互联网的创业公司，很重视共享经济，并建设合伙人制度，但这在互联网金融领域并不明显，为什么？

许：这是因为大家可能还是把金融理解为信贷资源，我借给你钱，我就是大爷。所以他们会把员工都当成螺丝钉，你们按照标准化生产就可以了。他们还没有把互联网金融理解成服务业。如果建立了服务意识，那就要尊重差异化、个性化的融资需求，因此需要员工服务好目标客户群，这时候建立合伙人制度才能激发员工积极性。

只有合伙人的利益分配机制才能留住人才。现在这个行业跳槽频繁，互相挖角，很大一个原因就是员工拿的只是一份工资，却拿不到合伙人的收益。所以我们提出"人人都是金融家"的概念。就是人人聚财做平台，管理团队做合伙人。

问：2015 年为什么有这样的转型？

许：我们最早提出 P2P 3.0 概念，就是与第三方合作模式，就是他们提供资产，我们募集资金。按照这种模式，规模增长比较快，平均影响力提升也很快。但我们发现资金端其实没有什么特别大的壁垒。资金端的壁垒和核心竞争力不强。从长远战略考虑，优质资产更重要。所以 2015 年，我们做了一个比较大的战略转型，叫"资产为王"。

专注比什么都重要

问：四年了，人人聚财的累计成交量刚过 100 亿，您觉得这个发展速度怎样？

许：人人聚财一直比较稳健，没有那么快。我们也看到行业爆发式增长已经出现了一些恶果，就是扩张太快的公司出现了一些风险。金融行业在内功没练好之前，大肆扩张很容易出事，风险很大。

问：我采访过一些 P2P 平台，有的计划在 2016 年做 500 亿，有的做 100 亿，而你们四年才做 100 亿。您怎么看待这个差距？

许：资金比较好办，可以通过品牌和营销实现。但资产端呢？你能今天放 100 万元，明天就能放 1 亿吗？什么方法能做到这一点？只有一种，就是互联网化的放贷，如果阿里小贷发现了一个好的放贷模型，完全互联网放贷，这是有可能的。但 P2P 行业的资产端都来自门店，都是线下找的，他能快速获得这么多优质资产吗？

问：他可以代理各种产品啊。

许：首先靠自营资产实现这么快的增长是不可能的。唯一的增长方法就是卖别人的产品，但风险难以控制，这是有前车之鉴的，比如某家平台卖了河北融投的 5 亿资产，现在全完了。

我认为专注比什么都重要。人人聚财不追求在行业内做得最大。我们追求的是，在某个细分市场上，稳健地做到第一。我们要稳健增长，不能四处开花。然后构建壁垒和护城河，构建核心竞争力，还要有可持续赢利能力。我们也想快，但快不了。

问：我在百度百科里看到您的很多激励性语录，感觉您是一个要做大事的人，但您现在很求稳。

许：这不矛盾，马云最早也是专注做淘宝，淘宝做成后才有天猫、支付宝、蚂蚁金服等，而不是他一下子什么都干成了。

当然，在专注的情况下，我也希望快一点。核心是先要专注，构建自己的核心壁垒和护城河，把我们的车贷和房贷做成人人聚财的淘宝，然后我们再去做天猫、支付宝。

（本文作者：吴凤显；采写时间：2016 年 1 月 21 日）

银客网林恩民：互联网金融才刚刚开始，2017 年会是好年景

初见银客网总裁林恩民时，他穿着一件修身的蓝色衬衫，戴着斯文的金属边框眼镜，说话的时候笑眯眯的。曾有人形容他是一个"剑客"，而我却觉得他更像一位温文尔雅的儒士，心怀天下，踌躇满志……

林恩民

重视细微人群：社会价值的变现是最大的商业价值

互联网金融可以说是当下最火热的行业。谈到当初创办银客网的经历，林恩民感慨道："我们是最幸运的一代，赶上了几个大的浪潮。"先是互联网时代的到来，然后是互联网金融的风口。"当然，刚开始的时候我们对互联网金融的理解是很模糊的，也做了很多功课。"在这个过程中，几个年轻人发现，世界的逻辑不会随着其发展而改变——大象帮不了蚂蚁是注定的事情。当机构足够大的时候，细微的人群就会被忽略，而这一现象在金融领域尤其明显，林恩民就在这里看到了真正的商业机会和机遇。

林恩民强调："我们一直坚持，社会价值的变现是最大的商业价值，我们想创造价值，这比财富重要得多。我们一直希望，客户能因为我们的存在有价值。"

随着业务的慢慢深入，林恩民也越来越发现，在互联网金融领域能做的事情还有很多。通过技术等手段，提高判断的效率、降低借款人的成本、增强对风险的控制、填补传统金融机构业务的空白，也是互联网金融企业最大的价值所在。

创新总会伴随风险：法律有时候离市场太远

法国知名经济学家托马斯·皮凯蒂（Thomas Piketty）在其著作《21世纪资本论》中指出：当人的发展达到一定层级的时候，其资产性收入会高于其劳动收入；而现存的金融体系会使富人更富，穷人更穷，贫富差距越来越大。

"如果未来社会要达到共同富裕，那么低净值人群就应该能够享受到与高净值人群一样的服务。"这似乎也是林恩民的愿景："互联网金融在这里或许会有一场革命。这样能让监管层更踏实，市场也能更好地运转下去，所以互联网金融其实是一件特别有意义的事情。"

2015年12月28日，《网络借贷信息中介机构业务活动管理暂行办法（征求意见稿）》（下文简称"征求意见稿"）出台，表明国家监管层看到了互联网金融的价值，也在支持其发展。但是，所有的创新都会伴随风险。利用宏观调控的手段将风险最小化，也是"征求意见稿"出台的一大原因。

"但国家无法解决一切问题，最终这个行业能否走下去，还是要看市场本身。市场上的利率和资产也是有分层的，也要由市场决定。国家还是要更多地去思考和理解，怎样用市场的方式解决问题。过多的行政干预可能会使市场更不稳定，对于消费者和借款人也都是不好的，无法把市场的活性真正做起来。对消费者的保护，企业实际上是可以承担的，这也是我们从业者的心声。"林恩民说道。

2017年会是好年景，互联网金融"黄金十年"前景可期

2015年，可以说是互联网金融大发展的一年，在这一年，P2P网贷历史累计成交量突破了万亿大关，按照中央财经大学黄震教授的预计，行业已经开启了新的篇章，P2P在新一代技术革命驱动下将迎来"黄金十年"。

而如前文所述，所有的创新都会伴随风险，行业内部也出现了许多滥竽充数的平台。特别是在监管趋紧、收益率降幅明显之际，此前大受追捧的P2P平台，其快速扩张的趋势有所缓和，甚至连续出现了"负增长"。于是，有业内人士纷纷表示"寒冬"或已临近。

而林恩民对此却不以为然，在他看来："P2P在解决民间直接借贷的

信息不对称方面，仍然有不可替代的作用。我们有理由相信 P2P 会一步步地规范起来，在这个过程之中，互联网金融也会一步步地向高质高效方向爬坡前行。"

对于行业未来的发展，林恩民也提出了自己的判断："2016 年可能是动荡之年，而 2017 年可能是互联网金融真正开始创新的一年——获客成本将大大降低，不好的公司会被踢出去，那些自融和资金池模式的公司肯定是活不下去的。这些公司的退出会让市场开始重建，让真正有价值的公司浮现出来，这时候会是市场大发展的时候，所以 2017 年可能是一个好年景，而 2016 年平台还是要扎深去做价值。"

我们有理由相信，互联网金融能做的事情还有很多，能给小微企业的帮助还有很多。而林恩民看好的除了小微企业贷款之外，还有消费端，比如各种分期业务。"另外，就算现在互联网金融出现颇多问题，2016 年依然会保持业务层面上的高速增长。其实全世界的互联网金融业务都是在不断增长的，在这样一个大背景下，中国也不应该缺席金融这个大的领域，再出现马云、马化腾的机会可能是渺茫的，但一旦中一个，其实也就够了。"谈及未来，林恩民充满信心。

踏实做事：以房为中心打造高效闭环

众所周知，在中国，房屋是老百姓的必备品，是刚需。银客网 2015 年的年报显示，其资产端目前主要以房产抵押为主，相关项目占比高达 49%。未来，这一比例还将更高。其业务布局将以房为中心，向前延伸至消费，向后延伸至经营，并尝试将二者结合，覆盖与房地产相关的各个领域，比如租房分期、房地产商的物业、主题性公寓的建立等，空间十分广阔。

对于银客网下一阶段的发展，林恩民表示："我们给自己的定调是，2016 年低调行事，踏实做事。如果想做一家真正的大企业，或者说金融的胜者，不在于发展快，而在于企业经营时间的长短。我们在想，不断创新是企业长久经营的不变定律，要争取做到不走寻常路，深耕于行业，关注信息化、数据化。关注每个员工的效率以及他们与企业的共同成长，给予员工更宽广的发挥空间，让他们充分展现自我价值。还有对于自身业务而言，能否为用户提供更好的产品，让用户的财富增值跟得上 GDP，让小白用户在比较安全的前提下，得到跟富人相近的资产性收益。"

至于其他平台，林恩民认为："真正的价值在于资产端，要长期生存下来，就是要在资产端上有供给，要符合监管政策、敢透明数据。把自己的业务拿给老百姓看，让大家自由挑选，这样才能做得更长久。"

附记

当 2016 年底记者回望整个互联网金融行业发现，此前的银客网早已发生了翻天覆地的变化。而当时林恩民的很多想法也都得到了市场的印证，互联网金融的浪潮绝不是偶然，而是行业内无数人眼中的未来。今天，银客网更名为银客理财，银客也升级为集团品牌，特别是在 2016 年 8 月 8 日获得港股上市公司云游控股 3 亿元 C 轮融资后，林恩民更是描绘出了市场的下一个风口——"住"。打造以"住"为核心的金融生态圈，是林恩民对自己提出的更高要求，更是作为一名企业家对社会更好的回馈，让我们一起期待银客更美好的未来。

（本文作者：石万佳；采写时间：2016 年 3 月 2 日）

投哪网吴显勇：最难的是如何对抗各种扩张的冲动

人物简介

吴显勇，北京大学和香港大学经济学和金融学双硕士学位。2008 年加入申银万国证券投资银行部，2010 年创立投资公司任总裁。2012 年创立融信财富。2012 年创立投哪网金融服务有限公司。

企业简介

投哪网创建于 2012 年 5 月 4 日，广发证券战略合作伙伴，获广发信德近亿元 A 轮和大金重工 1.5 亿元 B 轮融资。是国内最早的互联网金融平台之一，坚持小额、分散、抵押、直营的经营原则，累计成交额近 200 亿元。

吴显勇

核心提示

投哪网是中国最早的 P2P 之一。几年来，投哪网做了很多尝试，有成功，亦有挫折，为整个网贷行业积累了不少宝贵的经验。投哪网还是网贷行业中获得两轮风投的为数不多的 P2P 平台。投哪网的发展路径和融资的案例，对于处在风口浪尖的网贷行业来说，或许具有重要的参考价值。

合规是第一要义

问：你们第一轮融资是广发信德投资的，现在回头来看，这轮融资给你们带来的影响有哪些？

吴显勇（以下简称"吴"）：其实当时我们有四五家投资机构可以选择，包括知名的人民币的，或美元的基金公司，但我们最后还是选择广发证券的子公司广发信德，因为它是一个金融机构，能给我们带来更多的协同效应，比如给我们品牌带来征信价值，还带来风控方面的经验等等。注资后，投资人对我们的信任度也在逐步增加。所以，总体来看还是不错的。

问：在那之后，投哪网的业务类型有所增加，包括股票配资等，这跟广发信德有一定关系吧？

吴：没关系。其实，除了品牌征信之外，广发信德没有提供其他任何资源，比如通道之类的，都没有。

（作者注：据媒体分析，券商与P2P合作的一个主要目的是提前布局销售渠道，因为券商自己的销售网点较少，因此，布局互联网金融，建立"金融超市"，占领流量入口是券商必打的王牌之一。）

问：增加的很多业务后来又都砍掉了？

吴：对！我们在2015年进行过一些探索，比如财富管理等，想做一家金融服务集团，但去年年底银监会会同工业和信息化部、公安部、国家互联网信息办公室等部门联合发布了《网络借贷信息中介机构业务活动管理暂行办法（征求意见稿）》（以下简称"征求意见稿"），针对征求意见稿，我们基本上把增加的那些业务全部进行了一个剥离的融资处理。现在，投哪网只是一个借贷撮合成交的互联网平台。

（作者注：征求意见稿规定：网络借贷信息中介机构不得发售银行理财、券商资管、基金、保险或信托产品；除法律法规和网络借贷有关监管规定允许外，不得与其他机构投资、代理销售、推介、经纪等业务进行任何形式的混合、捆绑、代理。）

我们希望能够尽快满足监管的要求，马上进行一些剥离，因为再做下去没有意义，还不如趁早把这些业务该处理的处理掉。

问：即使监管细则将来出台了，也给了18个月的调整期，为何急于砍掉？

吴：到时候，你也要砍掉，为什么不现在砍掉？这是一个投入期的业务，当时还没有产生收益。后来，我们算了一下账，我们也没投入多少钱，就几千万吧，我们还是有这个承受能力的，因为我们现在也开始盈利了。

（作者注：媒体报道，2015年下半年的股市暴跌给做股票配资业务的P2P平台带来不小损失。因股市下跌太快，用户所买的股票开盘跌停，大笔封单，卖不出去。再加上配资资金多来自于平台融资或银行、信托杠杆基金，风险数倍扩大。不少平台不赚反赔。）

问：砍掉这些业务还是很可惜。

吴：那有什么办法？没有别的选择，对于投哪网来说，规范合规是我们的第一要义。

问：2015 年，投哪网又完成 B 轮融资，这一轮融资给你们带来的影响有哪些？

吴：首先是公司有了新的现金流，可以快速地发展布局，其次是品牌征信价值，大家都感觉公司更有实力了。

问：对产品方面没有影响？

吴：没有，因为他们都不实际参与运营。

问：现在你们不是又增加了供应链金融、消费金融吗？

吴：那是我们自己干的。

问：经过两轮融资，您对网贷行业的融资有什么建议呢？

吴：我认为首先是规范，规范化程度高不高，决定投资机构对你的信任程度。其次，你要有不错的业绩表现，比如你在一些领域有自己的特色，在某个领域的市场份额比较高，同时风控做得又比较好，管理上有不同于别人的地方，有自己的核心竞争力等，风投是要看数据的。最后是要有一个比较高素质的团队，让人家相信你有潜力把公司带到一个更好的高度。

问：这是获得投资的条件，那么，作为网贷行业平台本身，我们在融资时对投资方应该有哪些考虑？比如说哪些是我们应该优先考虑的呢？

吴：我认为，首先它除了有资金实力外，也必须是一个规范经营的诚信主体，因为它诚信规范，所以它就不会乱指导你，对你提出一些影响你规范发展的建议。这个很关键。其次，它如果在这个行业内有影响力，而且还是一个金融公司，那么还可发挥一些协同效应，那当然是最好的。

"不去构想金融生态了"

问：再回到产品的话题，投哪网最初是做车贷的，后来添加了很多业务，这些业务又砍掉了，现在还是以车贷为主，是吧？

吴：对！

问：2014 年，深圳出台了一个汽车限牌令，对你们的业务是不是有一定影响？

吴：没有，限牌令实际上只是影响车辆的增长，但并不意味着不增长。另外，汽车的存量市场是很大的。我们做车贷不是说你没钱买车，我帮你融资去买车；而是他已经有车了，现在抵押了换取一部分流动性资金，去做其他经营之类的。所以，汽车存量市场已经很大了，全国一亿的汽车存量，而且每年都在增长，只不过一线城市增长速度没那么快了。另外，深圳等几个城市的政策对我们也不构成影响，因为我们现在在全国近90个城市都有布局。

问：现在车贷在你们的项目里占多少比例？不少P2P平台都在做车贷，这方面竞争很激烈吧？

吴：占百分之八九十。在中国，任何一个行业的竞争都非常激烈。

问：我发现2015年，你们在砍掉一些业务之后，又增加了供应链金融、消费金融，对吧？

吴：是的，我们还是去探索，看看它们未来的空间怎样。

问：你们供应链金融主要是哪个领域的供应链？

吴：主要是快销领域，以食品为主。这个领域受周期性影响比较小。但我们目前做得非常小，整个贷款余额就1亿元。

问：你们的消费金融主要是哪个领域？

吴：汽车消费金融，是指融资买车这块。目前有几千万元的贷款余额，还很小。

问：在第一轮融资的时候，您也谈到未来投哪网要做很多周边布局，规划生态链，现在还有这样的想法吗？

吴：现在征求意见稿不让你搞了嘛，所以我们的生态链掐断了。之前，我们也花了一些钱去探索，但现在只能打水漂了，还没有产生收益，我们就暂停了这些业务，就是为了合规。

问：目前没有别的生态链方面的构想吗？

吴：不构想了。现在监管只让你搞借贷了，还怎么搞生态？就只做好借贷就行了。

问：接下来还有下一轮融资吗？

吴：还在接触，在谈。

问：您对投哪网未来的发展是怎样规划的？

吴：我们就做一个互联网金融平台吧，就做好借贷这个工作就行了。做普惠金融，给需要钱的人提供资金，给需要理财的人匹配债权项目。目前，我们以车贷为主，未来可能也会大力拓展到供应链金融，汽车消费金融等相关业务。

问：那么，现在让您比较投哪网和其他的网贷平台时，您觉得投哪网还有哪些特色？

吴：主要在车贷领域，无论是规模，还是风控，都是比较领先的。

今年要控制发展规模

问：今年春节以来，一些小平台已经主动清算关门，网贷行业新一轮的洗牌已经显现，您对这个行业的未来发展是怎样的判断？

吴：这个行业两极分化会越来越明显，做得好的平台会越来越好，小的平台会逐步退出这个市场。我认为今年这个趋势会愈发明显，特别是网贷行业监管细则下来之后，首先清除一些不合规的平台，另外，监管意味着成本增加，所以一些本身经营不好的平台也会退出市场。

问：您怎么判断当前的经济形势？

吴：我认为目前整个国内外经济环境还是比较艰难。可能在 2017 年会有一个复苏的表现吧。在此之前可能还是低位徘徊。所以在这种情形之下，我们也希望更加稳健去做。

问：您之前接受媒体采访的时候说，在经济形势不好的时候，网贷行业的风险越来越大，您认为要怎样避免更多的风险？

吴：实体经济已经很差了，再差也差不到哪里去了。所以，你去年做得怎样，今年只要保持这个标准也就可以了。控制一下发展规模和发展速度，风控方面更加严格一些。做好这些不难，关键是我们怎么去对抗心里各种扩张的冲动。最难的是调整自己。

问：现在整个网贷行业都缺优质资产，这在投哪网表现明显吗？

吴：没多大影响。如果你占领的市场份额很多，那影响就大了，但现在我们整个贷款余额才 30 个亿，这对一个金融类公司来讲小得可怜，你说整个社会资产紧缺对你有什么影响？完全没影响。另外，市场不好的时候，大家都是一样的，很多从事民间借贷的小公司会慢慢倒闭，退出市场。所以大家还是有机会的，关键看你选择怎样的策略。

问：你们在全国开了 90 家直营店？

吴：接近 90 家，每个城市一家，大概分布在八九十个城市里。

问：尤其二三线城市，风险是不是更大？你们的风控有什么特色？

吴：任何一个市场都有做得好的，也有做得差的。主要看你对风控的要求。我们采取集中审计、垂直管理、审贷分离的策略，建立起一套从初审、复审到审贷会的一套流程，再加上我们坚持小额分散的原则，又有抵押。这么一套理念使得我们的坏账率在整个网贷行业还是比较低的。

问：2015 年投哪网的发展速度还是蛮快的，一年的成交量就达到 100

亿元，是之前几年总和的几倍，去年为什么有这么大的增幅？

吴：因为拿到了融资啊，又都在全国布局。其实这个数据在这个行业里已经是很低的发展速度了，不算快。

问：之前，您说过这个行业发展快不一定是好事。那么一年做 100 亿在你看来还不算快？

吴：比较适中吧。100 亿元是成交额，不是余额。因为我们的借款周期都比较短，所以就显得成交额比较高。

问：嗯，今年的发展计划是怎样的？

吴：今年应该比去年稍微多一点。

问：很多平台对今年或者未来的预期都非常高，你们为什么制订一个保守的发展计划？

吴：我们希望实现更多利润吧，所以我们不想做得太快。

问：发展太快就意味着投入太多？

吴：对，投入比较多。

问：那你们目前盈亏情况如何？

吴：我们已经开始盈利了。

"最大的影响还是监管"

问：投哪网这几年经历了不少波折，您认为经历最大困难有哪些？是怎么度过的？

吴：最难的时候是没有融资之前吧，没有进行融资，你就缺资金，发展就非常缓慢，规模也会非常小，但我们一直坚守不动投资人的钱。对创业公司来讲，发展初期，融资其实至关重要。一个企业的发展排在第一位的就是融资。

问：在网贷行业，动投资人的钱是很普遍的现象吧？为什么你们坚决不动投资人的钱？

吴：我不想去评论这是不是普遍现象，反正我们没有动过投资人的钱，这是我们坚守的一个底线。

问：融资之后又经历过哪些困难？

吴：目前还没有，整体还比较好。再一个比较难的时候就是我们去年下决心把一些业务砍掉的时候。

问：经历了这么多，现在您对网贷行业有什么特别的感悟？

吴：我觉得最大的影响还是监管，监管基本上确定了你的发展方向。我们必须调整自己的业务达到监管标准。在行业缺乏监管的时候，你一定要有自己的底线，否则你会迷失啊！任何一个人都必须自律。

首先，我们要顺势而为，这是什么概念呢？一方面，监管是一种势，市场是一种势，市场上，你发现什么大热就跟着去做，这是一种势。另一方面，如果市场与监管相悖，你应该去适应监管的需求。做什么事情都要顺势而为，不顺势就做不好，这是我们的一个理解。

其次，任何商业都有自己的逻辑，金融的核心是风控。另外，是你配置资源的能力，有能力的人都非常关键。

问：但监管也不一定都合理吧？

吴：监管一定有它的道理。

问：您怎么看监管和创新的关系？

吴：监管和创新永远都是相互角力的一个过程，因为创新通常会去突破一些监管。但在互联网金融领域，我觉得我们应该有节奏地创新，适度监管。

比如说，你应该在风控的方法、提升运营效率等方面去创新的。创新不应该去搞首付贷。至于监管，我觉得一定要有监管，没有监管整个行业都乱套了。有了监管对大家都是一种保护。目前，我们的监管还是比较符合这个行业的现状的。

问：监管会不会影响金融模式的创新？

吴：我觉得我们应该结合互联网的优势，发展好网贷行业，利用这种交易成本更低的中介更好地服务我们的普惠金融。

（本文作者：吴风显；采写时间：2016 年 3 月 16 日）

爱钱进创始合伙人兼 CEO 杨帆：2016，每月会有 100 家平台被淘汰

人物简介

杨帆，爱钱进创始合伙人兼 CEO，拥有近十年私人财富管理及资产配置行业经验。曾任职于美国友邦保险和英国保诚保险，获得"MDRT 寿险百万圆桌会员"和"香港财富管理杰出青年"等荣誉。

杨帆

企业简介

爱钱进是于 2014 年 5 月上线的一家创新型互联网理财网站，为用户提供透明、安全、高效的互联网金融服务。

核心提示

天才少年、叛逆青年……曾经贴在杨帆身上的标签其实很多。在公众场合看到西装革履的他时，我其实有点怀疑；但在专访时见到他一身卫衣和运动鞋，我便开始好奇他之前的"英雄事迹"了。

"其实我们一般都是很休闲的，"杨帆笑言，"互联网公司嘛，穿西装的话，会比较拘束"。

年初荣获胡润百富 2016 中国新金融行业年度新锐人物，今年 3 月份作为行业代表之一参加《人民政协报》沙龙与政协委员探讨行业问题……随着爱钱进知名度的提高，杨帆在行业内的影响力也越来越大。就在今天，他参加了 2016 博鳌亚洲论坛互联网金融分论坛，与其他六位互联网金融平台高管及金融专业人士就行业的现状、潜在风险与风控模式等议题进行探讨。

学霸中的"学渣"，不搞科研想赚钱

14 岁考入北京航空航天大学，20 岁香港科技大学研究生毕业，先后

获电子工程学学士学位和硕士学位——从小被誉为"天才少年"的杨帆，却并没有像他的同学们一样走上科研的道路。毕业后，他先后就职于美国友邦保险、英国保诚保险、中信产业基金等，负责大中华区高端客户的财务策划、资产配置、风险管理等工作，后来甚至放弃了去苏黎世任职瑞银CFO助理的机会，只为去当销售。他还曾获得"MDRT寿险百万圆桌会员"和"香港财富管理杰出青年"等荣誉。

问：我知道您14岁就考上大学了，专业是工科，却一直想接触金融。那么您是在怎样的契机下开始往这方面努力的呢？

杨帆（以下简称"杨"）：说起来渊源还挺深的，我和中学同学都是14岁考入大学，他们都是学霸，我是学霸里的"学渣"。我的同学很多都已经当教授了，任职的学校包括普林斯顿大学、明尼苏达工业大学等，都是科研方面的牛人。我是我们班里面看起来最"正常"的一个人，大家都太"奇葩"了。

但我其实更愿意跟正常人打交道，而且还喜欢与人交往，在这个过程之中能够学习一些东西；另外我还觉得实践是检验真理的唯一标准，所以我还是挺愿意自己做点什么事情。

2003年上大学的时候，我经历了当时的那一波股市热潮，就激发了对金融的兴趣。再加上国内工科院校的教学方式让我慢慢失去了对电子这类学科深度钻研的兴趣，当时就确定了两个方向：一个是希望往金融方面走，另外一个是往创业的方向走，然后今天在金融方面创业了，就圆梦了。

问：那您又是怎么选定互联网金融这个领域的呢？

杨：我一直向往金融领域，但学的是工科，很难转专业，所以第一份工作就去做了金融领域的销售。然后还拿了奖，感觉自己做销售还不错，相关知识的皮毛也懂一些，但是觉得还是不够深入。后来我就做了一个挺重要的决定，跑到国内最大的私募股权基金——中信产业基金工作去了，在那里工作的过程中也有幸结识了现在的三位合伙人。

其实我们的初衷还是挺简单的。我们服务的一直都是最有钱的个人和最有钱的机构，比如伊泰、雅戈尔这样的上市企业，它们能拿出几个亿的资金，来获得30%到50%的年化收益。我们就发现这个社会太不公平了，有钱的人想赚钱更加容易，能获取到更多的资源。银行求着最不缺钱的人，普通人在资金方面却有大量未被满足的需求。这是我们之所以选择这个方向最原始的一个想法。

准备进入这个行业时，我们做了大量的行业调研，发现互联网金融的准入门槛比较低，政策风险也在减小——不会不让干，不会是非法的，国家还是支持鼓励的。当时我们去人民银行，一个局长跟我们说，P2P是现有金融体系的良好补充，他说完这句话以后，我们就觉得"好吧，我们也试一试，做一做"。

深度下沉，覆盖三四线城市

之前的工作经历，让杨帆积累了丰富的客户网络资源、财富管理经验和深厚的创业投资经验。2013年7月，他与另三位合伙人创建普惠金融信息服务（上海）有限公司，2014年5月，公司旗下P2P理财平台爱钱进正式上线，专注于小额信用借款金融服务领域，坚持"小额分散"原则，基于互联网技术为用户提供P2P金融理财服务，杨帆主管平台运营。

问：资料显示，爱钱进的发展很快，截至2015年年底已有上千万用户。那么刚开始的时候是怎么突破的？如何取得借款人信任让他们到平台上借钱？

杨：我们最开始的时候通过偏线下的模式获得借款用户，到现在已经积累了上百家线下借款营业部，来发掘借款资源。这些营业部覆盖中国大部分的省市，更多的是三四线城市。

一方面，我们认为三四线城市民风更加纯朴，从实际表现来看，也确实是三四线城市的违约率比较低。另一方面，我们国家的金融服务在三四线城市特别不发达，在这里我们可以覆盖非常优质的人群，比如说当地的公务员、小白领之类的。

因此我们很早就确立了以三四线城市为重点的发展战略，然后将一二线城市作为人才输出的中间站，迅速辐射到周边地区。我们现在三四线城市的业务差不多占到整体的70%到80%，是非常下沉的一家公司。

之前我们到云南的一个三线城市曲靖，发现我们竟然是那里的第一家P2P。当时那里除了两家银行的支行之外，再也没有其他金融机构了，大量优质的借款需求没有得到服务。我们在2013年年底进入曲靖，2014年下半年才有第一笔逾期，当时放款已经几千万了，这也证明我们三四线城市的战略非常成功。

问：我看到咱们还有很多省份和城市都没有进去，请问城市是怎么挑选的？

杨：我们的策略是从最纯朴的地方、最下沉的地方开始，我们最早进入的是西部、西南、东北和中部地区,华东和华南都没有去。因为华东、长三角的诈骗团伙非常多;而华南、珠三角这一块金融很发达,民间借贷很发达,留给 P2P 的空间很小。我们的战略是"农村包围城市",在需求最旺盛的地方把自身的能量、规模和能力都建立起来,积累好业绩的"大后方",再进入更有挑战的城市。

问:获取贷款用户的方式是怎样的?

杨:我们有线下和线上两种方式做借款用户开发。线下主要通过我们营业员打电话、发传单,非常辛苦。另一种是线上贷款,目前我们有 20% 的生意完全来自线上,大概是每月 2 亿,占比越来越多,今年年终大概能到 50% 以上。有的是直接通过互联网、APP 申请贷款;同时,我们还会有一些合作方,我们将线上贷款业务嵌入他们的应用场景中,客户通过我们合作方的消费场景、OTA 场景、信用卡账单管理 APP 等,也可以申请借款。

问:我看到咱们线下贷款需要提交很多资料;线上借贷却只需要授权接收信用卡账单的邮箱、淘宝京东账号和位置信息之类的,是不是太简单了一些?

杨:应该这么说,互联网时代永远给用户最简单的东西,但是并不意味着背后的逻辑也是简单的,它其实是非常复杂的。

我们相信,在互联网上,每个人都会留下越来越多的痕迹和路径,而这些痕迹和路径会跟其行为有非常大的关系。举例来说,美国征信机构 Zestfinance 在看一个人的消费记录时,如果发现里面有屋顶铲雪机,其评分就会高于普通人。它会认为这个人购买了屋顶铲雪机,说明他是一个非常有责任心的人,因为他会担心屋顶的积雪掉下来砸到人。屋顶铲雪机和还不还款没有任何的因果关系,这就是大数据所讲的不看因果,只看关联。

我们结合过去基于特征的经验和借款人信用卡账单的信息、电商购物的信息、手机电话的详单信息等,就可以对他进行风险判断。举例来说,假设你的资质很好,但发现你的手机号已经连续申请了三四笔借款,我们就会怀疑你是不是一个中介或代理,甚至怀疑你是在用一些虚假的信息来申请借款。我们会有大量这样的规则来进行限制,最后再进行放款。

问:咱们有没有考虑过未来变成纯线上呢?

杨:这是一个过程,我们从开始创业的时候就确定了要从纯线下,到线上线下结合,再到纯线上。这要结合成本、市场、收入和公司发展状况来看,比如说如果线下借款开发是经济的、赚钱的,我应该还是会继续做的。我们肯定要通过技术创新，不断谋求在效率上、模式上的提升。

合规有多种方式，今年可能每月淘汰 100 家平台

监管政策出台后，诸多业内人士一致认为，P2P 行业内部将进行一轮残酷的"洗牌"。与此同时，有许多平台为避红线已经开始整改，比如下线活期产品和自动投标类产品，关闭线下理财门店等。

问：之前您说基于监管的设置，爱钱进做出了业务上的一些微调。能具体谈谈有哪些吗？比如活期产品会不会下线？"一对多"的投资方式会不会触线？

杨：爱钱进现在业务比较简单，我认为业务基本上合规，但在一些技术处理上和界定上面还需要静待监管的细化。比如活期产品，如果是 P2P 平台做传统银行模式的活期理财，肯定是不合规的，但是如果说设置一个随时可赎回的债权，通过高效债权转让的方式创造一个类似活期的体验，是不是合规的呢？一方面，通过债权转让实现自由赎回不涉嫌资金池操作，有别于传统银行模式的活期产品；另一方面，赎回操作要取决于有其他用户去承接转让出的债权，平台保证不接手，以这样的方式也可以变相实现类似活期的产品体验。

至于"一对多"，我们现在想到一个方式：在用户投资的时候，平台会提供一系列的勾选项，从而评估其投资偏好，然后让用户授权平台依照其意向进行债权推荐，投到何种期限、利率、区域和风险评级的标的上，都是用户进行选择。选择之后，平台会协助用户把资金进行匹配，这可能就不是一个代客决策的过程。

我们理解监管都是从它的本质去思考，比如为什么说不允许有线下理财，因为这种模式资金流向很容易不透明、资产标的很容易造假，使其可以打着互联网金融的旗号去做非法集资的勾当。而现在讨论的不能代客决策，我认为就怕平台告诉用户"把钱给我，你不用管了，我来帮你投向借款人"之类的，最主要是为了规避不透明的模式。如果平台的资金和资产匹配严格透明、严格披露，按照用户的一些意向进行匹配，我觉得是合规的。

前几天参加《人民政协报》的沙龙时，刘明康委员也讲到了，P2P 要"做小、做分散、做简单"。又要分散、又要投资人完全自主决策，那还要P2P 公司干吗，投资人放贷去不就完了，这是不现实的。P2P 公司还是要

有一定信息披露的义务，以及能够为用户提供更加便捷、自助的服务。

整体来讲，我们一方面会朝着合规方向调整，另一方面产品设置也要符合用户的使用习惯，不能说一个平台设计出一款产品，要求投资 10 万块钱的投资人看完 100 个借款人的信息，再从中挑出 50 个来投资，这也是背离互联网金融便捷理财的实质。

问：您对行业未来的发展趋势怎样预测？

杨：我认为 2016 年一定会洗牌，而监管会是决定平台生死重要的分水岭。而且我觉得会是每月至少淘汰 100 家平台的速度，未来两年 P2P 的数量会从 4 000 家变成 40 家，甚至从今年下半年开始每月淘汰几百家平台都有可能。它们有可能是出问题、跑路，也有可能像大王理财一样平稳关停，但是这种洗牌速度是会有的。

其实我也很担心。如果较大的平台或知名平台发生这样的情况，我觉得会对整个行业产生负面的影响，也会是行业今年的一个挑战。

至于经营风险，今年在债权和资产的风险方面，实际上我没有看到任何要爆发的迹象。真正考验行业的系统性风险可能会在 2017 年、2018 年爆发，那时 2015 年行业膨胀起来放的款陆续要接受检验了，2017 年、2018 年是更关键的一个时期。

（本文作者：石万佳；采写时间：2016 年 3 月 22 日）

友金所总裁李昌国：未来属于共享
金融和物联网金融

人物简介

李昌国，12 年银行总分支行工作经验，2014 年 7 月创立友金所，担任公司董事、总裁。

企业简介

深圳友金所金融服务有限公司运营的互联网财富管理平台，由用友力合金服和用友网络（股票代码：600588）、深圳力合金控与银行专家管理团队联合设立。友金所致力于提供专业的全流程金融信息服务，打造安全、便捷、可信的综合性投融资平台，为投资客户提供安全、本息担保、收益稳健的互联网理财服务。

李昌国

核心提示

背靠上市公司——用友网络的强大资源，友金所花了一年五个多月的时间累积成交了 47 亿元，在狂飙突进的互联网金融行业，这一数字表现平平。不可否认，这个行业充满刺激和诱惑，但友金所遵从金融的本质，选择了一条低调稳健的发展道路。对于他们而言，如何充分地挖掘利用用友网络无比丰富的资源宝库，让自己滋润地活得更久才是更为重要的课题。只有活得更久，才能参与未来更高层次的金融竞争。

也想做金融超市

问：相对而言，上市系背景的 P2P 平台比其他平台是不是更合规一些？友金所在这方面的具体表现是怎样的？

李昌国（以下简称"李"）：友金所非常希望网贷行业监管细则能够尽

快正式出台。比如银行资金存管，好几家银行主动找我们谈了好多次，但最终大家都不知道具体该怎么做。所以一切都要等监管细则出台。

问：监管细则征求意见稿已经公布了，有些平台已经主动按照征求意见稿的内容调整自己的业务，比如投哪网之前上了很多项目，想做金融超市，但征求意见稿规定信息中介不能代售基金、保险等，所以他们主动砍掉了这些业务。

李：我不知道其他平台具体怎么做，但如果你想代售基金、保险等，这些需要拿到代销牌照。

问：你们不是也在代销平安大华基金吗？

李：用友友金所不是代销，平安大华基金是在我们的平台上直销，直销与代销两者有本质的区别。

问：你们和陆金所之间有很多相似之处，比如很多高管团队都来自平安系等，那么，你们是不是也想像他们那样做金融超市呢？

李：陆金所确实是友金所关注的对象。我们当然也想给用户提供多样化的理财产品，增加平安大华基金就是这个目的。但我们所增加的业务都必须符合行业监管。所以我们希望行业监管细则尽快出台，监管说能做金融超市，我们就做，监管说不能做，我们就会在监管要求的框架下寻找更多的资源来匹配市场需求。

理解金融的本质才能抵制诱惑

问：在监管细则出台前，这个行业有很多诱惑，你们是怎样抵制诱惑呢？

李：去年股市行情好的时候，很多平台都在做股票配资，当时确实是一个诱惑，但我们还是坚决不做。因为金融应当支持实体经济，而不是虚拟对虚拟，这不符合金融原则。同时，股权投资的风险很大，那是专业人士玩的。你用股票配资把普通老百姓吸引进来，他们是弱势群体，稍有不慎便会让他们损失惨重。抵制诱惑的方式就是要从金融的本意出发，不要违背金融支持实体经济的原则。

问：这就要求管理团队要懂金融，但现在互联网金融机构很多高管是跨界而来的，并不懂金融的本质，所以不少做法很大胆。

李：我们的团队有60%的人都是金融系统出身。

问：您对P2P行业是怎样的判断？

李：友金所更愿意被称为互联网金融平台，目前这个行业正处于洗牌阶段，这个阶段对于有实力的平台来说正是一个好机会，只要把握好时机都会有好的发展，我相信未来这个行业肯定能走向有序、健康的发展。

问：春节以来，整个互联网金融行业呈现出一种低迷的状态，那么，您对互联网金融行业的趋势是怎样判断的？

李：舆论认为互联网金融行业呈现萧条状态，但未必正确。互联网金融行业目前出现的一些阴暗面，这里面很多根本就不是互联网金融。引发的民间非法集资历史上本来就已经存在，现在通过互联网更快地爆发出来，被更多的人知道而已。我不认为互联网金融行业目前出现萧条的状况，互联网金融未来会有很大的发展空间。

供应链金融不会有很大的发展空间

问：过去更多的是综合型的互联网金融平台，现在各种垂直细分领域的供应链金融在增加，您认为这是一个大趋势吗？

李：供应链金融会有一个发展空间，但并不是无限扩大，因为他也有一定的局限性，比如一个龙头企业配一个 P2P 平台，它只能做这个企业上下游的供应链金融，很难延伸到整个行业，比如某些地产商设立金服公司，它更多的是为该地产商上下游服务，他们也很难延伸到其他地产商，因为每个龙头企业都想做自己的供应链金融。

第二，传统银行早就按照行业划分，在做各个行业的供应链金融了，都是做每个行业的上市公司、龙头企业等。

第三，供应链金融也存在一定的政策风险，因为金融是国家宏观调控的重要手段，比如产能过剩的产业就要通过减少贷款进行控制，国家支持性行业就通过增加贷款来支持。如果产能过剩行业的供应链金融不受管理，那国家就无法进行宏观调控了。比如近期国家为什么叫停首付贷呢？这除了高杠杆风险的原因之外，另外一部分原因是它影响到了国家的宏观调控。

另外，供应链金融也很容易产生自融，因此，监管的风险也比较大。所以综合起来看，供应链金融会有一定的发展空间，但发展空间不会很大。

问：用友软件占友金所多少股份？友金所现在做的是不是供应链金融呢？

李：用友占 60%。但我们接下来也会进行融资，将会稀释股权。我们现在做的不是供应链金融。但将来也会涉及供应链金融，因为背靠用友，我们有很多可以挖掘的供应链资源。

问：你们现在的资产来源是不是都来自用友的用户？

李：不完全是。合作机构通过各种渠道找项目。当然，很多是用友的用户。作为亚洲最大、中国最强的财务软件、ERP 软件提供商，用友软件用 27 年积累了 8 000 家大型企业客户、40 万中型企业以及 180 万小型企业，并拥有几万名员工及几千家代理商。

问：用友投资友金所是怎样的考虑？

李：用友战略主要做三个板块："软件 + 企业互联网 + 互联网金融"。软件是用友的老本行。企业互联网是用友的战略，企业互联网化服务会参与到企业管理和运营流程并产生大量数据，这些客户资源和数据资源都与企业金融密切相关，正是用友开展企业互联网金融服务的基础。

充分挖掘用友的资源

问：你们的风控怎么做的呢？

李：友金所核心管理团队均来自平安银行个人信贷业务的核心团队，包括业务、运营、风险管理和信贷管理系统各模块的核心团队管理人员，在银行发放了近 800 亿元、40 万户个人信用贷款，积累了大量的业务和风险管理数据经验；同时，用友作为国内最大的企业财务和管理软件的供应商，积累了千万量级的企业数据，我们从企业财务状况和运营模式的角度，进一步验证、优化信贷风险管理的结论和模型。

问：成立一年多来，友金所真实的逾期坏账情况如何？

李：我们的坏账在同行里算最低的。将来，我们会依据即将出台的监管细则要求，进行合规的信息披露。

问：你们的获客渠道比较特别，是不是把用友的员工都发展成友金所的用户？还有哪些渠道呢？

李：为了吸引投资资金，利用现有资源，我们最初面向用友两万名员工推广。随后，我们又发动友金所员工来推广首款理财产品，面向员工的自有人脉来寻找投资人，友金所员工推荐的投资人的投资资金甚至一度占比超过交易额的 20%。

2015 年 1 月份，友金所开始发动用友渠道代理商，邀请代理商在向企业客户销售用友软件业务的同时面向企业中的个人用户推广友金所的理财产品，代理商可以从中领取一定比例的佣金。目前已经和500家代理商达成合作，还将进一步推广。

2015年4月份，友金所开始深挖用友资源，即产品层面的结合，比如在用友集团HR软件中嵌入友金所的"工资＋"模块。用友的企业客户拥有成千上万名员工，这些员工都是HR软件的用户，每天可能会登录HR软件的客户端，查工资、看绩效、审批流程等。当员工查工资的时候，工资一到账，就可以通过"工资＋"购买友金所的理财产品，比市面上的P2P平台操作更简单、更有效。友金所也与畅捷通、超客公司洽谈合作，也将在企业空间等互联网服务中嵌入"工资＋"模块，未来还会在其他用友产品中嵌入"工资＋"，深度挖掘用友的产业资源。

另外就是互联网获客，在互联网获客方面，我们不做成本很大的营销，只做精准投放。

问：你们会直接去企业做营销吗？

李：不会。

问：为什么不去？都已经"工资＋"了，再宣传一下，加一把火不是更好吗？

李：没有必要。做金融最主要的是要做好资金和资产的平衡。如果没有足够的资产，大量获客没有价值，来了资金无处释放。

问：那是因为你们有用友的资源嘛。

李：我不认同这个说法，每个平台都有自己独特的资源，现在很多平台背后都是一个金融集团，所以关键是有没有一支将这些资源发挥价值的团队。

未来将是共享金融和物联网金融

问：您心目中的理想团队是怎样的呢？

李：我现在的团队就是按照我理想的样子搭建起来的，有60%的人出身于金融行业，其次更多的是出自互联网行业，这样才能满足互联网金融机构的需要。

问：友金所2015年年报显示，你们的投资人中女性占61%。而其他平台基本上都是以男性投资人为主，友金所怎么会出现不同？

李：实际上女性用户不止61%。因为用友是专业的财务软件供应商，接触到用友软件的，对用友了解的，都是企业的财务人员，而从事财会工作的人群以女性偏多，并且女性大多掌管家庭财务，并负责理财，所以我们的平台以女性客户居多，而且做财会的人比较多。所以，我们的定位是家庭理财。我们希望为家庭理财提供更丰富的产品。

问：您对友金所的发展构想是怎样的？

李：友金所一直就立足普惠金融与互联网金融。为什么说普惠金融呢？过去我们银行按照二八原则进行经营，无论是贷款，还是理财，都为大中客户服务，而大量的小微企业主和个体户是很难从银行获得贷款，又由于银行理财门槛比较高，所以普通老百姓缺乏理财方式，而储蓄利息跑不过 CPI，存款越来越贬值。所以普惠金融具有巨大的市场基础与社会价值。同时，互联网与金融的结合，为实现普惠金融提供了更强大的技术支持。

至少最近几年，我们还是要秉持这两点稳步发展。未来，所有的金融都互联网化了，到那时候就没有互联网金融的说法了，将来可能就是共享金融和物联网金融。

问：什么是共享金融和物联网金融？

李：共享金融类似于共享经济，比如滴滴打车就是共享经济的产物，私家车也可以像出租车一样运营了。你有房子，有几天外出，可以拿出来出租给外地游客等。未来的共享金融就是人人都是银行，人人都是金融家，借贷之间没有任何中介，因为中介会篡改信息。未来共享金融就不会出现篡改信息的情况。所谓物联网金融是基于物联网的发展而延伸出来的，物联网将会积累大量实时数据，金融机构可以很便捷地获取企业的经营数据，并基于此产生借贷关系。

问：不少互联网金融机构把今年定位为安全运营年，你们的策略是什么？

李：我们还是一如既往地稳步发展，不会受外部干扰，不求太快。我们创立之初是怎样的战略，现在还是坚持当时的战略发展，发展普惠金融和互联网金融，至少近两年这两个方向不会改变。但技术更新的速度非常快，所以我们会根据技术更新的节奏，调整自己的战略，比如未来会发展共享金融和物联网金融等。

（本文作者：吴风显；采写时间：2016 年 4 月 10 日）

团贷网 CEO 唐军：聚焦团贷网，
一根针捅破天

人物简介

唐军，现任团贷网创始人兼 CEO，同时也是团贷网母公司新三板上市企业光影侠（股票代码：831138）董事长。出生于 1987 年，四川达州人，曾就读于北京航空航天大学北海学院。2012 年创建团贷网。

企业简介

团贷网于 2012 年正式上线运营，是一家专注于小微企业融资服务的互联网金融信息平台，累计成交量已突破 300 亿元。曾于 2015 年 6 月获九鼎投资领投、巨人投

唐军

资、久奕投资等国内著名投资机构投资跟投的 2 亿元 B 轮融资。近日，又宣布联合光影侠旗下另外两家资产端公司获得了总计 3.75 亿元的 C 轮融资。

核心提示

团贷网创建距今四年，是一家很年轻的互联网金融信息平台，但是个有故事的企业，比如通过控股光影侠登陆新三板、在融金所陷入经侦调查风波时投资融金所、聘请王宝强做形象代言人、完成三轮数亿元融资、获多家知名投资机构的青睐等。深入了解后才发现，这些眼花缭乱的故事与其创始人唐军有着密不可分的联系。

唐军现年 29 岁，很年轻，但也是个有故事的人，曾是留守儿童，大学辍学开公司，崇拜史玉柱，以 213 万元拍得"史玉柱 3 小时"。深入交流后才发现，他有独特的学习方式、生活态度、工作状态，他的为人获得史玉柱、马云等商界名流的认可，并从他们身上获得格局、胸怀、管理等营养，这或许是他和团贷网成功的关键所在。

8 000 人的公司，有八九十个"政委"

问：2016 年以来，网贷行业负面新闻比较多，很多机构想融资都比较困难，团贷网为什么能受到资本的青睐，获得 C 轮融资？

唐军（以下简称"唐"）：之前融资容易恰恰是不理性的，是浮躁的。现在偏理性了。现在，竞争靠什么？靠的是团队、能力、战略眼光、思维和胸怀。

我觉得我们能够获得资本的青睐，受到股东和用户的信任，归根结底还是三点：人品、能力和胸怀。不光是我创始人的人品、能力加胸怀，还指整个团队的人品、能力加胸怀，也就是优秀的企业文化。

首先，企业文化就是我们的核心价值观。我们的方向在哪里？我们的核心价值观是什么？有所为，有所不为，哪些能做，哪些不能做，我们要非常清晰。有了文化，企业的品行就好了。

其次是企业的能力，我们通过核心价值观的考核，企业文化的熏陶，以及团队自身的学习、成长，造就了企业的能力。

最后是企业的核心高管，是否能够把战略制定好，战略就代表企业的胸怀。只有战略足够大，格局足够大，企业才能够做得大。

问：5 月份，你们内部开了一次大会。您说这是一次很重要的会议，为什么？

唐：会上，我首先讲，全世界所有成功的企业一定是精细化管理出来的。所以我们这次会议主要谈到人和事分开的问题，我们建立了一套独有的政委管理体系。从那次会议之后，我们大多数中高层都只管事，不管人。人归谁管？归政委管。我是总政委。我们全国的每家分公司都有政委，政委真正的权力要比当地总经理的权力略高。

问：为什么要建立政委管理体系？

唐：我们经常去挖一个 CEO、运营总监，或者技术总监，看中的是他的专业、资源，而非管理。如果你没有足够的管理经验，你带领的团队就会有很多矛盾，你每天需要把时间浪费在协调员工关系上，你原来的专业优势根本就发挥不出来。我们现在有近 8 000 人，这种问题可能更突出。

所以，我们推出政委管理机制。所有中高管，除了能力特别突出的高管可兼任政委外，80% 以上的中高层，只管事情，不再管人。

问：政委每天干什么？

唐：政委是每天必须花 1 到 2 分钟时间在每个员工身上，做精细化的管理。我跟你是单独一对一的沟通，你就可以什么话都跟我讲。

政委的工作就是每天了解每个人上班的情况。比如我们核心价值观中有几条，不抱怨、激情、责任、分享、团队等。比如我今天发现张某某和李某某之间有什么矛盾，或者发现你工作很不开心，一点激情都没有，懒懒散散的，我就会找你了。该扣分的就扣分，有人申诉说，我哪里有抱怨啊？我就会提供证据，我们都拍了照片，员工没办法抵赖的。摆清楚规则，按规则办事，这就是我们的精细化管理。政委就干这个事情。企业核心价值观是需要考核的。不考核，挂在墙上是没用的。

政委还做什么呢？比如部门一把手想开除某个人是没有权力的。他想开除谁，只能跟政委说。政委负责考察他，觉得跟你说的一样，政委可以上报给上级政委，该开除就开除，该辞退就辞退。下面员工投诉领导的，政委也调查考核，之后汇报上级，该开除的也开除。

问：全公司有多少个政委呢？

唐：有八九十个。

问：团贷网已有接近 8 000 名员工，会不会太庞大了？

唐：我们的人数现在还比较合理，未来也不打算再怎么增加人数了。而且更多是业务员，业务员主要靠业绩吃饭。

问：运营成本应该也相当高吧？

唐：我举个例子，你看腾讯的产品体验，和其他同类产品的体验完全不一样。这是因为大企业花 15 个人做出 95 分的事情，你花 10 个人可能做到 70 分。你还说你是创业公司，再减一点人力，你做的事情，只能打 50 分。因此，你的市场影响力很不好。所以我说，小企业要有大格局，我没有大企业的优秀团队，我就要用更多的人把事情做到 95 分。我是浪费了一点人力，但我的标准上去了，我赢得了市场，赢得了用户，所以我不觉得这些运营成本是浪费。

企业做好了，融资不成问题

问：在互联网金融领域，团贷网在资本市场运作方面做得相当成功，比如通过控股光影侠登陆新三板。不过，现在新三板流动性不是很强。

唐：我们登陆新三板不是去为了追求暂时的流动性，这是一个大的战略布局。登陆新三板首先是为了规范自己，同时为了降低企业风险，增加未来可融资渠道的来源。只要做规范了，做成一家非常透明的公司，我随时可以并购。如果有转板机制，我也可以转板。而且，我对新三板未来的流动性非常看好。流动性很好解决，企业做好了，就算不上市，也有很多机构投你，就像滴滴出行，一堆人投。

问：团贷网的 A 轮融资和 B 轮融资里，投资人阵容都很强大。

唐：嗯，巨人投资、九鼎投资、久奕投资等，史玉柱、王利芬等人都有参与。

问：我在梳理团贷网的时候，发现团贷网参与网贷行业不少重要事件，营销工作做得也很好。比如去年融金所陷入经侦调查风波后，你们投资融金所。当时，你们是怎么考虑的？

唐：当时，我们完全是考虑保护这个行业，帮助融金所渡过难关，保护投资者利益不受损失。融金所的投资人，很多同时是我们的投资人。直到现在为止，我没有参与融金所的经营，但融金所现在发展得也非常好。

其次也有财务投资的考虑。融金所做好了，股权可以增值，我们也可以享受分红。但当时，我们冒着很大的风险。

史玉柱是我大哥，我是他小弟

问：回顾团贷网的发展历程，您觉得最重要的节点有哪些？

唐：A 轮融资对平台的公信力和品牌营销起到很大作用。登陆新三板使我们走上规范化道路，股权结构也非常清晰了，这也是一个节点。B 轮融资有大投资人进来，融了两个亿，除了品牌以外，更多的是对我们的行业地位起到很好的帮助和背书。从 B 轮融资后，我们在全国开分公司，资产建设也是一个节点，因为要做大，除了小微企业借贷，还得做消费金融、普惠金融，这些业务得靠网点去支撑。所以，我们从东莞，到广东，走向全国。现在我们已经有近 200 个网点了，业绩在不停地增长。

我觉得规范很重要。另外，规模上不去，就做不大，很难往资本市场上运作。团贷网抓住了这几个关键节点，才会有今天的规模和影响力。

问：史玉柱对您的影响应该非常大。

唐：对。现在我们是哥们了。只要他在上海，我就可以去找他喝酒。史总介绍了很多人给我认识，另外传授给我很多管理上的经验。我会请教他很多问题，包括资本运作。

问：2012 年，您参加优米网"名人时间"竞拍，以 213 万元拍得"史玉柱3小时"，当时是怎么考虑的？

唐：我从小就崇拜他。但当时跟史总接触，其实没有太大影响。因为他的战略眼光和我的差距太大了。我那个时候很嫩，提的问题都很幼稚。我那时候用的手机是诺基亚E52，史总拿个白色苹果手机在那玩，我都不认识。但我感觉史总还是蛮照顾我的。后来跟史总私底下吃饭聊天，在战略、格局、管理、为人等各方面，我还是学到了很多东西，我自己也在慢慢成长。

问：您是怎么把史玉柱变成您的朋友的？

唐：这个跟做人有关。我从没找史总说借点钱给我，我从没干过这种事情，我只是向他请教问题。但你也不能三天两头给别人发微信，思路又不成熟，别人会很烦你的。

我从来不去打扰史总。比如团贷网年会，有人说你跟史总那么熟，请史总来一下？我心里想，别人是公众人物，去哪里都有记者跟着。我们考虑别人的事情，首先要让别人舒服，其次不能让别人受什么影响。所以我从来不去打扰他。

后来我加入阿拉善组织，跟史总有了更多接触，里面还有他的很多朋友。然后一起搞活动，跟他一起吃饭、聊天，越来越熟了。后来就成为哥们了，他是我大哥，我是他小弟。慢慢地就有一些小的合作了。因为第一，接触多了，相互增进了了解。我2012年认识史总，到现在将近四年了，我没倒，我也没死，我活得越来越好，我也越来越成熟，越来越稳重，为人也越来越好。所以人家才认可我这个小兄弟，人是需要时间建立信任的。第二，周边的朋友都是我们共同的朋友，对我评价都不错，关系处得都很好，自然而然我们的关系就更好了。第一是缘分，第二是为人。史总的为人非常好。所以这种关系是很自然的一种关系，不是利益关系。即使有利益也都是小利益，对他来说都是无所谓的。主要是人与人之间的认可。他也喜欢跟年轻人一起玩。

问：团贷网这几年的发展跟史玉柱为主的朋友圈有没有关系？

唐：在人脉上有很大关系。但光有人脉是不够的，还得要有团队的综合实力，以及反思、学习的能力。

另外，我跟他们在一起吸收更多能量、胸怀、格局方面的东西。不是刻意地利用关系，我从来没有刻意地去利用任何东西。

经常跟史玉柱、江南春等人聊微信

问：团贷网为什么请王宝强做形象代言人？

唐：他比较草根，很勤奋，跟团贷网的奋斗历程比较匹配。

问：团贷网收购光影侠，登陆新三板，投资融金所，聘请王宝强做形象代言，拍得"史玉柱3小时"等，这一系列的动作十分漂亮。请问是因为团贷网有一个智囊团，或者一支过硬的营销团队吗？

唐：这些都是我自己想出来的。当然，券商等机构也给一些意见。最主要还是我自己想出来的。想出来之后，跟券商沟通，和我的团队进行研究。

问：团贷网有没有一支营销团队？

唐：资本市场上的动作跟营销无关。这个跟平时的学习有关，要有广泛的视野。我每天学习工作十四五个小时。看上去，我好像上午不来公司的。我早上八点半到九点起床，但不来公司，而是在我家的书房里对着电脑、手机学习，很快就到了中午，就开始洗脸、洗头、吃中午饭。员工们正在休息的时候，我就来公司了。来公司就开始工作，直到凌晨三四点才睡觉。吃完晚饭，我也是在书房看手机、视频，在思考问题。我的阅读量还比较广泛。

问：都是网上学习？

唐：都是网上阅读，我从来不看书。我每天要学习很多东西。很多人喜欢打高尔夫，我对高尔夫一点兴趣都没有。

问：你每天晚上都是凌晨三四点睡觉吗？

唐：对，除非特别累，或者有点感冒了。但半夜醒了，我又起来继续干。这不是我刻意要求自己要这么干，而是自发的，控制不住的。从创建团贷网开始，每天这么干。

问：现在主要学习哪些领域？

唐：宏观政策，世界经济，中国经济，还有哲学，一些大佬的思想等。我还跟史玉柱、江南春等人聊聊微信，沟通交流。有时候一起吃吃饭，喝喝茶，一谈几个小时，探讨一下当前经济形势，跟我们有什么关系，我们应该怎么做管理等，都是这些东西。

我跟别人不一样。我认为，你学到有用的东西要马上会用。我马上对比，我跟这个人有什么差距，公司存在哪些问题，哪些需要立刻整改等。

第二天就开始干。我是这样的，学多少，干多少。很多人学了100%只用了1%，我只学10%就用完10%。

留守经历让我更坚强

问：您还没结婚吧？

唐：我29岁了。我有两个儿子，大儿子都四岁了，小儿子一岁多。

问：好多创业者都很忙，很多人没结婚。

唐：忙是忙，但结婚生孩子跟这个不冲突的。你生个孩子花得了多长时间嘛。很多人说我很忙，没机会，那是借口。而且我父母非常好，我孩子都是我父母帮我带的，带得非常好。我的家庭生活很幸福，只要不出差，我几乎每天回家吃饭。我不应酬的，我妈妈给我做饭。

问：您父母曾在东莞打工？

唐：对。放暑假寒假，我也过来。最开始在工厂上班，我也跟着打暑期工，做玩具，一个月可以拿几百块钱，觉得蛮开心的。后来一个巧合，我妈和我爸就出来收破烂，收破烂其实比在工厂上班挣钱。在工厂上班，他们一个月加起来两三千块钱，收破烂一个月可以赚七八千块。

那时，我父母踩一辆三轮车，挨家挨户收破烂、烂铜烂铁、烂胶鞋、酱油瓶、易拉罐等。那时候我才九岁吧，我就在家里面给他们煮稀饭，弄点花生米，中午回来，我老爸老妈就吃稀饭，吃完饭又出去了，天黑了才回来，每天这么干。那时候，我妈也不老，应该是三十岁左右，相当于现在80后的姑娘，就干这些事情。

问：你做了多久留守儿童？

唐：一直都是。我父母在广东，我就在老家读书，初二开始住校，一个月回一次爷爷奶奶家，有时候两个月回去一次。小学跟到初二，有时候寄住在舅舅家，也有自己在镇上租房读书，就一个人。11岁开始，我就一个人从四川坐火车到东莞，来回跑。第一次，钱被偷了，在车上饿了68个小时。

问：你那么小，也有人偷你的钱？

唐：我11岁已经有现在这么高了，我一直没长。为了壮胆，我穿上西服、衬衣，也很成熟的。我还买包红塔山的香烟，在火车过道里抽。我在屁股兜里揣了一百块钱，西装兜里揣了10块钱。我希望别人把我当成十七八岁的古惑仔，这样，就没人欺负我。但看得出来还年轻。

　　火车上，旁边一个老爷爷抱着一个小姑娘，小女孩哭着要喝娃哈哈。爷爷说等会儿给你买。我说，老爷爷你裤子被人家划掉了，没钱了。他一摸，真的是。我看小姑娘可怜，就说我这有 10 块，拿去买吧，买了给我喝两瓶。那时候，10 块钱可以买两板娃哈哈。他说好，就走了，再也没回来。后来我准备吃酸辣粉，一摸屁股，我的钱也没了。当时只剩下几根香蕉了。68 个小时就吃了几根香蕉。

　　问：您家是四川哪里？

　　唐：达州。

　　问：达州也有很多留守儿童。

　　唐：对，我现在也做一些留守儿童的公益，派公司员工走访大凉山，了解学校有什么困难，需要什么。了解清楚之后，我们就直接捐赠给他们。留守儿童确实可怜。

　　问：很多报道称，留守经历对儿童的人格形成等各方面产生很大的负面影响，你的留守经历是怎样的？

　　唐：我是一个比较叛逆的人。我从小虽然是留守儿童，但我从没觉得我比别人低一等，自尊心反而比较强。一年级到四年级，我成绩很差，那时候不想读书，喜欢打架。五年级以后学习成绩就开始好了。考试，镇上的孩子考不过我，打架也打不赢我。我也比他们高，而且我还喜欢当大哥，他们还听我的。

　　问：你长期跟父母不在一起，这对你的心理有什么影响？

　　唐：有。因为我小时候身体不太好，冬天经常感冒。城里的孩子感冒，就会有哪个亲戚或者父母煲汤送过来，经常过来看他。但我没人来看。这会让我更坚强，更独立，很多事情自己承受，不跟别人讲。我初中、高中读的都是我们县城最好的学校，都是我自己考上的。

　　问：不容易。后来考上北京航空航天大学？

　　唐：对，是北京航空航天大学北海学院，是三本。我高中其实只读了两年，高二基本没读，因为鼻窦炎做手术，手术后，就来广东休养了一年，回去高二快结束了。之后直接读高三，所以只考了个三本。

　　问：读市场营销专业？

　　唐：是的。因为我非常喜欢市场营销。我很早就崇拜史玉柱，初中到高中，写作文经常写史玉柱的案例，每次都拿很高的分。当时就想，考大学一定要选市场营销专业。

　　我当时不想去北方，也不想留在四川，只想在离广东很近的地方，可以经常回东莞，所以填了北京航空航天大学北海学院。高中的时候我家里已经有钱了。

问：怎么有钱？

唐：我父母收废品，挣到钱了。一年可以挣几十万，收了20多年。我高三时家里有小汽车了。当时我想，在广东附近读大学，经常回家开个车做生意，帮工厂卖货挣钱。

核心价值观不过关，一律不要

问：好像你大学没毕业？

唐：没毕业。2010年毕业，我2009年就在东莞开了个公司，不想回去。2010年我已经赚了好几百万了，花90多万买了雷克萨斯越野车。

问：什么公司？

唐：信贷咨询公司。实际上就是我帮银行跑腿。

问：之后就做团贷网？

唐：对。做了两年信贷咨询，到了2012年，已经疲倦了，因为东莞到处都是贷款中介了，搞得乌烟瘴气的，竞争也比较大。我觉得再不转型就要完蛋了。2012年五一的时候，我就去上海找史玉柱，但没见到。在他公司逛了半个小时后我就走了。瞬间我就想做互联网，但又不知道做什么。

可能是运气来了，我上了一辆出租车，出租车上正好在播团购网，我想，老子弄个团贷网行不行？名字那个时候就想好了。

回东莞后，我百度出"安心贷"，兴奋极了。但我不懂P2P，怀疑是骗钱的。我想试一下，投了5万块钱。账户里就显示我投了五万块钱。我又把电子合同打印出来，从头到尾一个字一个字仔细读。我发现这个靠谱，不是骗子。后来我又搜出宜信。我越来越觉得这个东西合法，很靠谱。

但当时，我们什么都没有。所以，到处找人，缺财务找财务，缺技术找技术。我们第一个技术人员是中国地质大学毕业的，技术非常好。我跟他说，我给你一万块钱一个月，你到我这里来工作吧。他说考虑一下。

考虑啥考虑？正好我在这楼上有一套房子，90多平方，家具什么的都齐了，我把钥匙给了他说，你跟你老婆去住吧。我又从车里面拿了1万块钱给他说，你明天就上班吧。第二天他就来上班了。开始是这样干起来的。

问：团贷网以后的发展方向是怎样的？

唐：我们会非常重视资产端的发展。资产端方面，我们会坚持做四件事情：第一是小微企业借贷；第二是普惠金融，平均贷款金额在四万元以内的；第三是消费金融；第四是农村金融。我们坚持把这四块做下去，未来三五年后一定会做得非常好的。

具体说未来三年五年该怎么做，我也不清楚。每天都要调整，战略是调整出来的。我们会聚焦在团贷网上面，一根针捅破天。比如怎么提升我们的核心竞争力？怎么做好我们的专业程度？怎么降低我们的成本？怎么做好我们的服务？怎么引导我们的市场？等等。

2015 年下半年到 2016 年，团贷网变化非常明显，增长非常快，为什么？就在于创始人聚焦了，进行战略上的梳理和调整，把该砍掉的都砍掉了，重视企业文化，重视团队建设和精细化管理。这些东西才是最关键的。

我们有三个愿景，第一个就是为 3.14 亿用户提供金融服务，这是一个庞大的愿景，可能一百年也完不成，现在才 341 万多用户；第二个是做最安全的金融生态平台，一定是生态平台；第三个是成为幸福指数最高的企业。

这些东西看起来虚，我们都把它做实。比如我们这个月是"激情月"，下个月是"简单月"，再下个月是"不抱怨月"等，每个月围绕这些关键词，在业务中、生活上落实，再收集身边的案例，组织员工学习。

所有刚入职的新人，就算是挖来的高管，过来之后都要进行企业文化的学习。还要考试，考企业文化，100 分及格，一个字、一个标点符号都不能错。你再能干，企业文化、核心价值观不过关，一律不要。

（本文作者：吴凤显；采写时间：2016 年 6 月 3 日）

当 30 岁的格莱珉银行遇上中国火辣的 P2P

核心提示

发源于英美的 P2P 行业，来到中国后，结合中国的实情，在 Peer 与 Peer 之间被添加了小额信贷公司、担保公司等元素。P2P 行业的发展仍然有赖于不断创新。有没有人设想过中国的一家 P2P 平台与格莱珉银行结合会是怎样的模式？将会产生结出怎样的果？格莱珉银行是由孟加拉经济学家穆罕默德·尤努斯于 1983 年创建，专门为因贫穷而无法获得传统银行贷款的创业者提供"微额贷款"，2006 年，尤努斯和格莱珉银行共同获得诺贝尔和平奖。2015 年 10 月 13 日，上述设想竟然成真了——中国的一家 P2P 平台——合拍在线正式与格莱珉中国达成战略合作，开启了"互联网＋格莱珉模式"的中国本土化创新探索之路。

双方如何合作？格莱珉基因如何继承？合拍在线意欲何为呢？面对乱象丛生的 P2P 行业，格莱珉银行又持何种心态？我们就这些疑问采访了合拍在线董事长王实和格莱珉中国总裁高战。

合拍在线董事长王实　　　　　格莱珉中国总裁高战

一两年，合拍在线不求回报

问：本次合作模式是怎样的？

王实（以下简称"王"）：先由深圳一家金融集团投资 500 万元，在深

72

圳工商局，与格莱珉中国联合成立了深圳格莱珉普惠金融服务公司，用格莱珉银行的贷款模式在深圳开展借贷。500 万元主要用于新公司的运营。深圳格莱珉普惠金融服务公司是社会企业，股东不参与分红。

深圳格莱珉普惠金融服务公司不能吸储，所以与合拍在线合作，解决信贷资金问题。即深圳格莱珉普惠金融服务公司的借款人在合拍在线平台上发标，以筹集创业资金。一两年内，合拍在线从中不追求回报。

问：格莱珉银行与 P2P 的结合有什么好处？

王：过去多年，格莱珉银行模式在中国落地并不理想。它在中国的合作机构如想直接放贷，就必须获得放贷资质，但这并不容易；另外，其信贷资金缺乏来源，慈善捐款筹不到足够的钱，自己吸储又不符合国家监管政策。而现在，与 P2P 结合同时解决了资金问题、合法性问题等，并使得社会闲散资金更有效率地流动——借款人需要资金时才会融资，不需要就不融资。这使得富裕地方的闲散资金能帮助贫困地区的妇女（格莱珉银行只贷款给妇女），她们自身以及家庭、子女的命运都会得到改善。另外，格莱珉银行的借贷几乎能百分之百回收，投资人的投资十分安全。因此，格莱珉银行与 P2P 的结合极有经济价值和社会价值，是真正的普惠金融。

合拍在线做这件事情不是噱头，而是有情怀的，能帮助很多人。另外，格莱珉与 P2P 结合也是一种重大创新，互联网金融一定要创新，否则与银行竞争是很难的。而格莱珉模式，传统银行不太容易切入，农村市场空间非常大。但要真正做大，不是合拍在线一家能够做成的，所以欢迎更多同行共同参与。

融资成本仍然很高

问：优质资产端是互联网金融的核心竞争力，在这一合作中，合拍在线是否参与发展借款人？能发展足够多的借款人吗？

王：这个市场是真实存在的，中国农村妇女一直是被传统金融排斥的人群，深圳格莱珉普惠金融服务公司的借款对象是深圳城中村的外地妇女，结婚的，有孩子的最好。不借给男性。借款人都由深圳格莱珉普惠金融服务公司发展，合拍在线负责宣传和融资。

格莱珉银行在孟加拉做得很成功，在世界很多国家都得到了很好的复制。在中国也到了该发挥作用的时候了。

高战（以下简称"高"）：与 P2P 结合确实解决了资金问题，但我的一个担忧是 P2P 融资成本太高，支付给投资人的年化收益率一般为 10%～12%，而深圳格莱珉普惠金融服务公司也要收取一定的服务费才能保证公司的可持续发展。因此，借款人的融资成本太高了。美国格莱珉银行的贷款利息就非常低，甚至接近于零。

所以我们现在同时与商业银行在谈合作，计划与银行设计一个创业信贷产品，由银行直接放贷，格莱珉中国负责模式设计、风控等方面的运营。

在我们还没有获得更低成本的信贷资金时，肯定与 P2P 合作。P2P 靠这个也是不挣钱的，因为我们需要的资金少。我过去和无数企业谈合作，他们首先就问什么是社会企业，当他得知投资人不能参与分红，只能拿回本金时，就不感兴趣了。他们也有品牌意识，愿意付费请尤努斯来开讲座，但像合拍在线这样的企业我过去没遇到过。合拍在线愿意做，不是靠这个盈利的，全世界没有靠这个盈利的，都是社会企业。

所以我们现在按商业思维发展，逐步走公益的思维。通过宣传，让投资人不要收取 12% 的收益率，比如只收 5%。现在社会上有很多慈善人士，甚至不要利息。

问：深圳格莱珉普惠金融服务公司的借款人要承担多大的借款成本？

王：比如一次借 1 万元，每周还款一次，按 50 周还款，则每周还本息 220 元，利息的大部分归投资人。借款人每周还款，但合拍在线并不一定每周还款给投资人，而是在投资人自愿的情况下，将还款复投合拍在线平台上收益率更高的理财产品，半年或一年后再还给投资人，这样，投资人可以获得更高的收益。

一两年内，合拍在线对深圳格莱珉普惠金融服务公司都以鼓励和扶持为主，不参与利益分配，把最大的好处让给投资人。但一两年后可能会参与利益分配。

在深圳，只贷给外来务工妇女

问：深圳格莱珉普惠金融服务公司主要贷款对象是哪些人？贷款金额一般为多少？

高：每次放贷金额还没有最后确定，在深圳可能会设为 1.5 万元到 2 万元，这要调研后才能确定。

我们拥抱被传统金融所排斥的人群，在深圳主要是外来务工妇女，有的夫妻都在深圳，甚至孩子都在，她们做小生意，如开小吃摊、打字社、鲜花店等，甚至是流动的。这样的创业者是格莱珉最好的客户。她们属于底层人，靠自己的劳动力赚钱，被传统银行排斥，银行基本上不会贷款给她们，因为他们没有贷款记录，在深圳没有房产，甚至没有正规机构的就业劳动合同。

问：没有抵押物，甚至是流动的，那么如何把握风控呢？

高：我们只贷给妇女。她们自动形成五人借款小组，接受七天培训。这个设置有自动筛选功能，比如四名妇女常驻深圳，都需要借款，她们要凑足五个借款人才能形成一个借款小组，那么，这四名妇女必然要对那一个人进行考察，这就有自动筛选的过程。这也是一种风控。她们还要接受七天的培训，一个女性为了骗一两万元钱，去接受这么长时间的培训，不太可能。

"和 P2P 合作还是很担心"

问：合拍在线的逾期率和坏账情况怎样？

王：逾期率 2% 左右。如果一个平台从来不逾期，很值得怀疑，因为现实中，常有企业前后差几天还款，要么提前几天要么延迟几天。合拍在线秉持合规原则，逾期也反馈给投资人。不过，我们下阶段也会通过技术手段解决投资人的体验问题。

至于坏账，我们的风控很严格，有双重风控机制，合作机构和自己都做风控，自己的风控团队有 40 人。而且我们做的都是老客户。另外，合拍在线一致采取守势，没有攻势，只保持百分之几十的发展，所以，坏账得到良好的控制。将来我们还要采用大数据和人脸认证技术，提高风险防范。

问：随着 P2P 的迅猛发展，优质资产端的竞争越来越激烈，合拍在线有何举措？

王：现在实体经济非常不好，风险最终必然传递到民间资金市场，在这个关头一定要守得住，我们的风控比以前更严格了。合拍在线只与优势行业里的优势企业合作。

我们与格莱珉中国的合作就是优质资产端的重要拓展。合拍在线还计划发展消费性金融，消费金融是一个重要方向。最重要的还是创新，P2P网贷要和新兴的金融脱媒机构合作，共同在供应链金融等创新金融产品上加大力度，开拓新的市场。

问：您对此次合作有什么预期？

高：希望第一年能做 300 个借款人。格莱珉美国第一年是 500 个。

但我们与 P2P 合作还是有点担忧。P2P 是很好的金融创新，但这个行业乱象丛生，今天这家跑路，明天那家跑路，很让人担心。我不希望格莱珉银行误入乱象，但合拍在线是合法企业，我们也曾聘请律师做过调查，律师的评价很高。但整个 P2P 行业乱象丛生，我还是有些不踏实。希望我们不要出现风波。

（本文作者：吴风显；采写时间：2015 年 10 月 11 日）

喜投网董事长黄生：做金融，慢就是快

人物简介

黄生，现任喜投网联合创始人，董事长。中国知名投资人，为证监会外部专家，2013 年 9 月参加中国证监会关于 IPO 发行办法的研讨与修订，2014 年参加中国证监会上市公司退市制度管理办法的研讨与修订。曾出版《钓鱼岛背后的货币战争》一书。毕业于北京大学法学院，六年商业银行、七年 PE 投资并购经验，曾任职于中国银行，先后从事大型项目融资、银团贷款及风险控制工作。

企业简介

喜投网 2014 年 5 月份上线，致力打造一个透明、高效、安全的互联网金融服务平台。

黄生

核心提示

黄生是温和的，因为黄生要求记者不要写出他对 P2P 行业的一些看法，所以，他的诸多真知灼见只能成为我的私藏了。"说者无心，写者也可能无心，但读者有意。万一有人对号入座了，就不好了。"黄生说。

作为喜投网董事长，黄生的风险意识正好诠释了喜投网稳健的发展风格。"风控大过天""如果把营销放在第一位，而忽视风控，则是本末倒置""做金融，慢就是快"……其实，黄生并不十分乐意谈 P2P，因为他要做的是大金融，是金融生态，涵盖新媒体、互联网论坛、资产管理、众筹、私募等领域，喜投网似乎只是他顺手做的一个消费金融的 P2P 平台。这就是他的格局。

互联网金融初生、野蛮，监管体系正在建立，所以难免鱼龙混杂，负面新闻频出。风雨中，欲成大事者，必然心系一处，守口如瓶。所以，读者阅读这篇对话，或可对照现实，从中发现深意。

风控大于天

问：喜投网 2014 年 5 月份上线，现在累计成交量已做到 11 亿元，这个速度在 P2P 行业算是很快的了。

黄生（以下简称"黄"）：实际上不止这个数。我们还做货币基金，成交量都放在后台。如果把货币基金的成交量加进去的话，我们实际累计成交量已经达到 20 亿元了。我们平台一标难求，用户充值多了，闲置在账户里没有收益，所以就委托我们购买货币基金。

我在传统金融领域做了 15 年，知道风控是第一位的。所以我们是风控大于天。尤其是现在经济下行的背景下，我们迈的步伐更为谨慎。否则这一年成交三四十亿没问题。

我安排两个合伙人直接负责风控。这样，风控做得好坏跟他们的切身利益直接相关，所以他们会尽力将风控做到最好。而且风控人员都是我在传统金融机构培养起来的，已经很多年，我很了解他们的品德和能力。我们很注重事前风控，就是看借款人的现金流，然后要有抵押和担保，所以逾期率很低。

问：逾期、坏账的情况是怎样的呢？

黄：逾期率很低，我们已经做了上千辆汽车抵押，真正逾期的并不多。如果逾期两三天，我们就把借款人的车拖回来卖了，这样就可以覆盖投资额，一旦可以覆盖本息，就没有形成坏账。我们做小额分散的项目，一般单笔八九万元，也做消费保理，单笔几十万，上百万的也有。最大的单笔两百万，只有几单。

问：喜投网为什么只做汽车抵押？

黄：喜投网不仅做汽车抵押，还做赎楼贷、消费供应链和消费保理等，只不过因为汽车抵押贷款金额小，笔数就相对多。汽车抵押周期短，产业链完备，万一出现违约，可快速变现。我们跟几家机构合作，这几家机构在汽车抵押贷款领域做了很多年，可为我们提供大量客户。但他们提供的项目必须由我们风控审核。我们还自主开发资产端。两条腿走路吧。自主开发的单数占总数的 80%，但金额比例不到 50%。与其他机构合作的项目金额大一些，他们有担保能力。

要的不是速度，而是质量

问：经济下行背景下，很多 P2P 平台都缺优质资产端。这在喜投网是否也表现明显？

黄：喜投网做的是基于衣食住行的消费金融，中国人口这么多，衣食住行又是必需品，所以资产端表现不明显。我在传统金融领域做了这么多年，知道哪些应该做，哪些不应该做。经济下行时，P2P 平台尤其要避开某些领域。

问：做消费金融，单笔金额都比较小，会不会影响平台发展的速度？

黄：我要的不是速度，而是质量。负责收回来的钱越多，责任就越大。如果贷款收不回来会伤害投资人的。喜投网本来可以做到 40 亿元，但没有优质项目，我们就不做。做金融一定要稳健，在金融行业，慢就是快。做金融不能像做电商那样。一个成熟的风控人员、一个金融人才是需要花很多年才能培养起来的。

创业者的声誉一定要和平台捆绑在一起

问：据说，喜投网是唯一没有营销投入的 P2P 平台。

黄：目前，喜投网还没营销方面的投入，甚至没有对外推广部门。喜投网现有 50 多人，技术部 6 人，风控 8 人，客服部 6 人，品牌部 3 个人，主要是做 SEO、微信编辑、活动策划，剩下的是业务团队。我一篇微信文章（微信号为"黄生看金融"）有几十万，甚至几百万阅读量，这段时间最少也是"10 万＋"。粉丝忠诚度非常高。在别的地方投广告会有这么好的效果吗？所以，我们现在暂时没有必要投放广告，我们在营销方面悠着些，多节约一些资金，控制好成本，这就能走健康发展的道路。

最近半年时间里，我基本上每天写一篇文章。我在金融行业研究了 19年，在传统金融领域工作了 15 年，积累了很多经验。一开始写文章并未想到营销，只是想给微博、微信用户提供有价值的信息，但后来客观上起到了营销的作用。

前期把客户引进来靠我个人，但用户体验要做好，这就不是我一个人做得来的了，这就需要一个过硬的团队。所以不能说，用户都是我一个人拉来的。

问：像您这样，把自己的声誉和 P2P 平台捆绑在一起是不是好事？万一创业失败，会不会毁了自己的声誉？

黄：把自己的声誉与平台捆绑在一起才值得投资人信任。如果创始人对自己的平台都不放心，投资人就不会投了。尤其像我这样在金融界有一定知名度的人，只会想方设法把平台做得更好。创业就一定要把自己身家、声誉和平台捆绑在一起。你要做的是一番事业，要推动社会进步，既然个人和微小企业融资难，既然这件事很有意义，那我们就义无反顾地去做这件事情。

和银行资金存管合作正在洽谈中

问：喜投网投资用户的资金现在是否托管于第三方平台？

黄：喜投网现在暂时没有资金托管。我们之前谈过好几家，但用户体验很差。如今，用户体验是最重要的。而且第三方托管并不能真正避免资金池，P2P平台可以通过发假标把用户资金从第三方托管平台搞出来。既然它不能给我们带来本质意义上的背书，还要增加第三方托管成本，那第三方托管没有什么意义。

喜投网不设资金池，每个项目和投资人一一对应，如果投资人有闲置资金，用户委托我们购买了货币基金，闲置资金也与银行货币资产对应。我们努力做到每一笔资金都有相应的资产对应，这样就不会形成资金池。

问：虽然第三方托管存在漏洞，但喜投网连第三方托管都没做，如何取得用户信任呢？

黄：现在我们和几家银行在谈资金存管，但他们的存管系统在开发中，而且他们也对我坦诚，现在的用户体验还是跟不上，充值经常掉单，而且一旦出了技术故障，很难及时响应平台进行修复。毕竟这一块业务给银行带来的利润很少，承担的责任却很大。一旦银行的资金存管系统开发完善，体验好了，我们会迅速和银行合作，毕竟我是银行出来的，对于这些工作很熟悉。

我的新媒体（指"黄生看金融"）是财经类新媒体的第一名，在所有自媒体里也是前列，要实现商业化是很容易的，如果接广告，一年至少可以接几百万元。如果我是利欲熏心的人，那不早就接广告了吗？但我现在没接一个广告。

喜投网现在累计成交量11亿，贷款余额才2亿。有这么多粉丝和影响力，我要是想要钱，随便发起一个地产基金或者私募基金，一下子就能募集十几二十亿元，而且还是贷款余额。有人找我合作，但我没这样做。我是北大毕业的,有北大情怀。我在金融行业做了16年,金融界都知道我的为人。

我们是真真正正要做一番事业的,其实,我们做的不只是P2P,而是一个大的金融生态,包括资产管理、新媒体、互联网论坛、众筹、私募等,喜投网是其中一个专注于消费金融的P2P。我要做大金融。人活着,总要做一点有意义的事情。

(本文作者:吴凤显;采写时间:2015 年 10 月 18 日)

投之家 CEO 黄诗樵：把分散做到极致

人物简介

黄诗樵，投之家创始人兼 CEO，获评 2015 中国互联网金融行业新领军人物、互联网金融 2015 年度十大影响人物。

企业简介

投之家为 P2P 网贷垂直搜索引擎，提供搜索、筛选、对比一站式服务，为投资人和 P2P 平台提供专业服务。获顶级风投机构赛富注资。荣获南都金砖奖、互联网金融产品创新奖等。

黄诗樵

核心提示

P2P 网贷行业经历了一个野蛮生长的阶段，乱入者并不鲜见，所以整个行业呈现出鱼龙混杂、良莠不齐的现状。这为"投之家"这种第三方服务平台提供了生存的土壤。"投之家"的业务核心是帮助投资者减少风险。解决之道则是"分散"，其业务逻辑是自洽的。但上线一年多来，在全国的 2 000 多家平台中，投之家的合作机构仍只维持在 23 家网贷平台，问及原因，其创始人兼 CEO 黄诗樵称，主要是其风控严格，今年的目标是增加到 80 家。但面对日趋明朗的市场环境，严格的风控是否意味着业务拓展的局限？如何把握两者之间的平衡？投之家的核心竞争力究竟又是什么呢？

存在价值：筛选、分散、打通

问：投之家的模式是怎样的？

黄诗樵（以下简称"黄"）：投之家是一个垂直于 P2P 网贷细分领域的第三方平台，承担了枢纽的作用。一边是投资人，就是在网络上寻找投资渠道的投资人；一边是具有资产端的 P2P 网贷平台。投之家就是两者之间的枢纽。

现在金融创新成为趋势，它也正在改变国内目前以银行为主的传统金融体系。在传统金融体系内，很多中小微企业，他们除了股权融资外，很难从别的渠道融资。而新金融能解决一些市场上真实存在的需求。但新金融领域还欠缺规范化，而投之家希望能承担一个比较好的中间角色，让资金能够跟资产更好地进行匹配。

问：是在投之家平台上卖别的 P2P 平台上的产品？

黄：不能说在我们的平台上面卖别人的产品，我们更多是一个中介，就像房产中介一样，我们只是拿了一些房子放在我们的平台上，你可以在我们的平台上了解合作平台，但具体交易时，你还是要去合作机构的网站上交易。

问：投之家平台上不可以直接交易吗？

黄：我们现在有两种业务模式，一种是导航，就是在我们的网站上展示经过我们风控过的 P2P 网贷平台，用户可以通过投之家跳转到合作机构的平台，去那里充值、投资，所以我们更多的是起到导航的一个作用。

另一种是类 ETF 基金的模式。这个产品是我们的专业团队在市面上挑选多个比较优质的债权，打包组合成一个产品，然后把它转让给用户。用户可以直接买这个基金的份额，享受收益。这个基金的最大特点是资金分散、期限短、门槛低，从而在保障用户有效收益的同时最大限度地降低投资风险。

问：这个基金的收益率是怎样的呢？

黄：就是各债权的综合收益，目前年化收益 8% ~ 12% 吧。

问：为什么有这个产品呢？

黄：目前全国有数千家 P2P 平台，而投之家从中挑选了 23 家优质平台出来。用户即使去这 23 家平台中选择投资，也很麻烦。所以，我们设计了这个类 ETF 基金的产品。

问：你们的盈利模式是怎么样的呢？

黄：导航业务向平台收取一定的服务费。投资人都是免费的。类 ETF 基金的盈利模式是向 P2P 平台收取债权组合实际收益的 25%，其中 15% 将注入专项赎回基金，另外 10% 作为我们的服务管理费。

问：目前投之家平台上的成交量为 41 亿元，这两种交易模式各占多少？

黄：导航 27 亿，基金模式 14 亿。

问：现在你们的用户有多少？

黄：现在总共有 130 多万，活跃的大概十来万吧。

问：P2P 存在的价值之一是金融脱媒，但有了你们之后，又多出一个环节，业务是否能持续？

黄：金融脱媒的"媒"指的是传统的中介公司、券商、银行等，增加了交易环节，每个环节都要产生手续费，比如银行先形成资金池，再去放贷。但 P2P 可以使资金跟资产直接匹配，取消了资金池，提高了资金的周转效率，这才是金融脱媒。而投之家并没有增加交易的过程，他其实是帮 P2P 平台获客。

问：但不也增加了 P2P 平台的经营成本吗？他们要给你支付费用嘛。

黄：相反，我们是在降低他们的成本。

问：为什么？

黄：投之家的用户群体都是最精准的，因为我们是做导航的，在用户心里有一个很明确的定位，投网贷就上投之家。因为投之家上面都是精品平台，用户不用担心安全性，他也不用筛选，一个账号就打通了投之家上面的所有精品平台。当这些用户聚集在一起时，我们给 P2P 平台导过去的用户是非常精准的。如果去百度，或别的网站上去拉用户的话，成本会高十倍到二十倍，所以说，我们是帮它降低成本。

大平台不一定最安全

问：你们现在对接的 P2P 平台有多少家？

黄：现在有 23 家。

问：怎么只有 23 家？

黄：申请接入的有两三百家，各种合作的有一两百家，但真正前端和后台都打通的有 40 多家，这个数据是动态的，有的在合作过程中，我们发现有问题，就取消合作，也有平台自己收缩业务，暂停合作的。投之家是比较谨慎的，前期要做风控。我们不去风控各平台上某个具体标的，而是风控整个平台。另外，即使通过了申请，也需要技术开发，打通两家的前端和后台，这也需要一定的时间。

问：投之家上线是 2014 年 9 月，到现在有一年多了，打通的只有 23 家，这个量还是比较小的。

黄：对，去年一整年，我们新增的都不多。就是比较谨慎。因为现在 P2P 行业毕竟刚刚起步，还是会有一定的风险。但我们是谨慎的乐观，还是非常看好这个行业的前景。所以现在陆续接入更多平台，预计今年能达到 80 家左右。

问：如有平台跟你们合作，你们会进行怎么样的考察？

黄：一般会有几个步骤，首先是申请，平台要有接入意愿。我们接到材料以后，会先对材料做一个评估，评估完后，再进行排期，因为申请较多，我们的风控团队要去每一个平台做考察，所以要排期。排完期以后，再去平台考察，考察过程一周左右。之后要写考察报告，开风控会议。通过以后，就可以正式签约，签约以后通过技术开发，打通我们的系统。

问：你们风控是怎么做的呢？

黄：我们有一支专业的经验丰富的民间金融团队，做过小贷、担保、典当等，主要人员有 30 多年的从业经验。这个团队现在一共有 20 多人。他们要从平台运营的各个角度去做风控，如平台的股东、高管团队及其背景、运营流程、业务模式、平台的风控体系、平台的技术、标的来源、资金的流向等，基本上就是围绕着这些维度进行考察。

问：但很多平台有他们的商业机密，或者是不愿意公开、不宜公开的信息，甚至会对这些信息进行屏蔽，你们如何掌握更真实的数据呢？

黄：首先投之家作为第三方，有一定的公信力，通过我们可以让投资人更放心。所以只要是正规经营的平台都有接入的意愿。

问：从股东背景上来讲，你们会更看重什么？

黄：股东实力很重要，因为毕竟做的是民间金融。实力无外乎就是资金实力，还有股东各方面的综合实力。此外看股东或团队的行业经验。我们会关注你是不是在这个行业做了很多年，你现在的业务是不是围绕这个行业的，还是说你跨行业了。

问：平台的运营流程会更看重什么？

黄：看运营是否规范。比如说，是先有款项目，再放到网络上来发标融资，还是先拿投资人的资金，形成资金池，然后再去找项目。

问：通过你们的考察，现在这两种情况哪种更多一点？

黄：大部分先有项目。

问：也有先有资金的吗？

黄：现在先有资金的基本上没有，大部分都是合规的。

问：平台的风控体系，你们的考察标准有哪些？

黄：不同的业务风控体系不一样，做房贷的，车贷的，做供应链金融的，消费金融的，以及做信用贷款的等，风控体系都不太一样。比如做房贷，我们会更看重抵押率，比如借款人拿房子做抵押，那么这套房子抵几成？它的抵押率能不能盖住可能出现的风险？

综合起来看，不是说它不产生不良，或者不产生坏账。关键要看他处置不良资产的能力，这个很重要。

问：从风控体系看，有的公司自有风控团队，有的资产和风控都是外包的，你们会区别对待吗？

黄：对，这个有很大的差别。我们优先选择自有风控体系的，特别是基于行业有一定经验的这种。

问：现在的网贷行业，自有风控团队和风控体系的更多，还是更少？

黄：自有风控的占大部分。

问：对平台高管团队的考察，你们会更注重什么？

黄：更多的是看他们的创业背景，包括是否有金融行业经验、是否熟悉互联网运营等。

问：技术这块会考察什么维度呢？

黄：技术主要是考虑网络安全，P2P这两年很火，黑客也较多。另外很多公司，因为追求快速上线，所以很多是购买第三方外包的软件，这种软件可能有些细节不够完善，所以需要自己的技术团队去做后期维护，有漏洞的地方就要填上。如果一套系统放在那里，你不去管他的话，平时可能没问题，就怕万一有漏洞，因为毕竟涉及大量的资金，所以安全性非常重要。

问：通过你们的了解，现在P2P平台里面，购买外包系统的更多吗？

黄：大部分都是购买的系统，所以就看他后期的团队实力，还有就看整个公司对技术的重视程度，因为这块是需要投入的，涉及成本。是否重视差别很大。

问：标的来源，你们会考察什么？

黄：看借款人资料。

问：现在不少都是假的。

黄：每个标背后都有一整套完整的资料，我们会随机抽一些标的进行鉴别。

问：不是说资料也可以作假的吗？

黄：目前我们去考察的公司大部分都是比较好的。

问：根据你们调查情况来看，现在整个行业里自融的情况怎么样？

黄：还是有，但不是很普遍。

问：业务模式这一块，您会更注重哪些点？

黄：业务模式刚才也提到一点，就是说，先资产还是先资金。

另外我们还要看他业务模式的合理性，比如说有些不一定能赚钱的。

你还可以收很少的费用，去承担很大的风险。那么，我们就对其业务模式会有一些疑问。

但现在主要通行的业务模式问题都不大，像车贷、房贷这些问题就不大，但有些平台，它的模式是比较特别的。比如说像有做艺术品质押的，一幅画值一百万块还是一万块？它需要依赖第三方的专业鉴定机构，所以这种情况下我们会更加慎重。我们通过业务本质来看它的风险，研究其收益和风险的匹配程度，看他能不能可持续地发展。

问：你们会特别挑选大平台进行合作吗？

黄：投之家重点强调的是安全，我们的使命就是给投资人保驾护航，守护好他的资金。安全性是我们挑选平台非常重要的一个原则，我们不以平台规模的大小作为判断其安全性的标准。

坚持的就是分散

问：上线这一年多的时间里，你们所产生的逾期、坏账情况是怎样的？

黄：我们没有形成坏账，总共产生了 30 多万的逾期。

问：这么少，数据真实吗？

黄：是真实的。主要是我们风控做得比较严。

问：产生逾期坏账后，你们如何处理？

黄：导航部分，是平台自己垫付了。我们所挑选的合作伙伴自身是有保障措施的，合作后，如果发生逾期坏账，他们自己会有解决方案，另外，用户也能额外享受到投之家 T 盾保障计划的比例赔付。

基金这块，我们首先自己拿了一部分资金出来，成立了一个风险备付金，产生逾期或坏账后，我们用这个风险备付金去垫付，然后我们自己去找债权端，去追回来，但对用户端不产生影响。

问：刚才说的 30 万逾期是导航还是基金？

黄：是基金。

问：上线一年多来，导航这块没有发生问题吗？

黄：没有。

问：逾期的 30 万是一笔？

黄：两笔。

问：有没有分析一下，产生的原因是什么？

黄：平台后期运营出现问题。

问：目前，你们盈利情况怎么样？

黄：过去一年收支差不多平衡。

问：您觉得投之家的可持续性怎么样？因为随着互联网金融的普及，市场教育的深入，以及监管细则的出台，P2P 行业的资金端壁垒越来越小。现在已经是资产为王，缺优质资产，那你们的可持续性不就成了问题吗？

黄：我们主要是为有资金需求的优质资产方服务。另外，我们鼓励分散投资，对用户来说，我们提供了一个安全分散的投资平台，用户只要一个账户即可打通所有合作平台，投资体验上更顺畅。

问：那第三方的口碑就非常非常重要了。

黄：是的。

（本文作者：吴风显；采写时间：2016 年 1 月 28 日）

李敬姿：珠宝贷将来还要做电商

人物简介

李敬姿，西安交通大学硕士研究生，曾供职于华为等知名 IT 企业。近年致力于 P2P 领域的投资研究，并拥有丰富的互联网金融全流程实操经验。

企业简介

珠宝贷，于 2014 年 6 月，由 13 家国内珠宝龙头企业共同投资成立，其中包括两家上市公司，至今累计成交额已突破 60 亿元。

核心提示

李敬姿

珠宝贷是供应链金融的代表，定位于珠宝行业供应链上下游的融资需求。《网络借贷信息中介机构业务活动管理暂行办法》的公布同样迫使他们重新学习，深度挖掘产业链更多的下游业务，在产业链的每个细微环节寻找突破之路，甚至打破 P2P 的框架限制，为用户提供更多增值服务。其 CEO 李敬姿正是一个学习型人才，他中途转行，从通信行业跨入互联网金融，通过理论研究、投资体验、创业实践等方式迅速积累相关知识和经验，又从珠宝贷运营总监做起，到副总裁，分管品牌推广、产品技术、运营客服等工作，最终成为 CEO。在技术迅速迭代、监管措施频出的时代，唯有学习型人才和组织才有可能从容应对翻覆变化，免遭淘汰。

要么，大而全；要么，小而美

问：《网络借贷信息中介机构业务活动管理暂行办法》（以下简称《暂行办法》）的限额规定对整个网贷行业影响特别大。珠宝贷目前主要做珠宝行业供应链金融，涉及的借款金融都比较大，目前，有什么办法来解决这个问题？

李敬姿（以下简称"李"）：肯定严格按照规定做。暂行办法规定，同一法人或其他组织在同一网络借贷信息中介机构平台的借款余额上限不超过100万元人民币，我们就严格按照100万元来进行业务调整。珠宝行业有很长的生态链，从原料采购，到设计、生产制造，然后批发、代理、加盟，到终端零售等。而我们之前做得更多的是生产制造和批发环节的项目，所以，涉及的借款金额相对较大。接下来，我们从上游往下游下沉，最终沉到终端门店，你借他100万是能发挥作用的。我们可以通过生产制造和批发这个渠道，迅速覆盖10万左右终端门店。再下一步我们还可以做珠宝消费分期。

问：想做终端门店的项目，乃至珠宝消费分期，不是说做就能做出来的吧？你们有哪些匹配的资源呢？

李：实话实说，一年左右做到成熟的珠宝消费分期是很难的。但我们立足生产制造和批发，现在已经做到加盟商了。加盟商再往下就是门店。这是水到渠成的。我们立足上游往下走，困难会少一些。

问：那么，生产制造和批发等环节上的超额项目怎么办呢？

李：市场存在客观需求，那就采取其他符合现行监管政策下的方式做，比如转到线下，给有资质的或有牌照的小额信贷公司做。另外，能不能和第三方交易所或交易中心合作？我们把这个资产推荐到交易中心或交易所去，他们负责资产的登记、备案、公告，并对外销售。然后，通过我们平台进行跳转，跳转到交易中心或交易所，由我们引导用户去投资。这样，我们只是一个跳板，不属于代销，不涉及代销牌照的问题。这也是一个有待探索的方式。

问：这些变通方式会不会影响到企业营收？

李：《暂行办法》会让一些企业调整组织架构，比如创建集团公司，下设P2P平台，专门做符合暂行办法规定的项目；另外还有财富公司或私募基金等，通过有资质的线下做大额项目；可能还有电商版块、众筹等。所以，对于整个集团来说，营收影响有限，无非是这块利润放到哪里而已。P2P只是集团的一个产品。

问：或者说，P2P只是其中的一个工具？

李：对，可以这么理解，只是一个工具，一个筛选用户的流量入口。比如你通过待收金额筛选出高净值投资用户，再把他引到更合适的资产端。这就相当于给他创建了一个流量入口。

因为《暂行办法》实际上对资产端做了一个分层，100万元以内的项目 P2P 来做，100 万元以上的给有牌照的传统金融机构或小额信贷公司或私募基金来做等。不同的资产走不同的通道。对应分层的资产端，我们资金端也应该分层，就是这个意思。

问：暂行办法出台后，主动关门的平台增多，业内很多人对网贷行业的前景持有悲观态度，您对网贷行业的未来作何判断？

李：短期的低谷是肯定的。未来，网贷行业可能会出现分化，一部分拿全牌照，做大而全的金融超市。另一部分做垂直细分的供应链金融、产业链金融，把某个行业做透，提供更多增值服务。比如珠宝贷最终的定位是"珠宝行业的综合方案提供商"，不只是金融服务，还可能有产品或收益权众筹、电商版块等增值服务。我觉得，只要扎进去，这两个方向都是不错的。

从供应链金融到产业链金融

问：今年，珠宝贷的项目量比去年同期相比，情况如何？

李：今年融资需求同比去年增多，但现在经济大环境仍未回暖，所以我们风控比之前更严格，风控成本更高一些，所以今年我们做的量相较之前有适当增长但没有出现猛增的现象。我们现在边走边踩刹车，不希望做得太大。风控方面，每个标的，不管大小，必须上报董事会，董事会三分之二以上成员同意，我们才做这个项目。

问：之前没有这个环节？

李：刚一上线的时候是没有的。随着业务发展，风控成本的提高，所以需要把股东资源再进一步利用起来。有些项目，他们很熟，因为他们在珠宝行业积累了多年的经验。另外，珠宝行业主要以广东潮汕和福建莆田为主，圈子相对稳定，所以股东们更容易掌握借款企业老板的为人，是激进派，还是稳健派，这个老板有什么不良嗜好啊，企业有没有隐性负债等。这些情况是无法通过查账看数据看得出来的。这样，我们通过硬性的数据和软性的把关结合起来，就能更好地控制风险。

问：珠宝贷目前主要做供应链金融，供应链金融的天花板是不是比较明显？

李：如果仅做供应链这一块，那肯定是有天花板的，规模很快就能看到，但供应链并不是一个点，而是一个链条，供应链最后肯定发展到产业链。那就是更大的市场了。

我们现在从原料供应、生产制造、批发一直在下沉，会下沉到终端门店做到消费市场，打通供应链上的每个小节点，再在每个节点上提供一些增值服务，基本上看不到天花板。

现在，我们的积分商城上兑换挺活跃的。等我们开发了购物车之后，就可以把积分商城做成珠宝商城了，用户可以直接购买珠宝产品。我们可以帮珠宝企业收集数据，分析畅销的款式，还可以帮助珠宝企业消化库存，或者为企业和个人提供一个高价值货物的信息展示平台。

所以，一个行业里可做的东西很多，打通链条后，每个环节你都可以提供很多服务。

项目真实，杜绝虚假标的

问：把积分商城做成珠宝商城，把 P2P 做到消费分期，这都对"珠宝贷"的品牌美誉度有更高的要求，你们如何建立口碑？

李：我们的信息化建设或者透明化建设比之前进了很大一步啊，我们披露的很多信息直接跟后台数据一致，一点掩饰都没有。这一块我们一直在优化，增加更多的信息。

有些核心信息根据个人隐私保护法，比如借款人名称是没法披露的，我们会聘请会计事务所、律师事务所对我们做第三方审核。聘请的第三方和我们没有关联关系，而且都是国内知名的律师事务所和会计事务所。

不过，这部分还有优化的空间，比如他们审核的合同信息不便公开，但他们审核的过程我们可以做得更透明，可以让投资人看到他们是怎么做的。这是我们后面要做的事情。

问：律师主要审核项目吗？

李：律师审核我们所有标的是不是真实的，借款人是不是真实的，签订的合同是不是真实有效的。会计事务所主要审计我们公司所有资金流是怎样的。这两边的数据结合在一起就能说明我们的项目是真实的，资金真正流到借款人账户里了。这些是我们一上线就开始做的。当时还没有这些规定，我们就直接这么做了。

再说说业务风控。这一块我们不会被用户推着走。尤其正好赶上珠宝行业波动，某个周期标的紧缺，我也会告诉投资人我们近期确实没标，你要提现没关系，我们都会及时处理，基本上是上午提现当天到账，下午提现部分当天到账，部分第二天上午到账，用户还是比较满意的。

虽然我们坚持不要做太大的量，但为了满足用户的需求，也尝试增加新的业务，包括试水其他供应链金融，以及消费金融等。所以不排除后期我们也会上几万元的，甚至几千元的项目，那可能是跟第三方合作的。我们通过跟第三方合作，向这些优秀同行学习消费金融的经验。可能这会对品牌产生一些冲击，但从比例上看应该只是个补充，最终我们还是回到珠宝分期消费这一块的。

问：跟第三方合作不是很正常吗？您为什么认为这会对品牌有一定影响？

李：因为珠宝贷一直专注做珠宝行业的项目，而第三方推荐的项目不一定是珠宝行业的，有可能做其他行业的，比如教育、电子产品消费等。另外，我认为风控和资产是一个企业的核心，不应该把风控业务全部外包，否则，你这个平台很容易被架空，你就失去了议价能力，他们不给你提供资产，你怎么发展？而且，你的风控并不是业务风控，而是对推荐资产的这家公司进行风控，看他实力能不能兜底等。

当然，我的观点不一定对，但我觉得资产端和业务风控应该主要在自己手里；不在自己手里，也应该在兄弟公司或者集团下面。

问：目前，珠宝贷的项目都是自己做的吗？

李：是的。

问：珠宝贷现有六十多名员工，风控有多少人？

李：风控跟业务加起来二十个人左右。因为珠宝行业有一个特点，产业高度聚集，全国70%左右的珠宝产品都出自深圳水贝这一片区。所以全国各地，包括北京上海，那些装修得金碧辉煌、高端大气的珠宝店或者专柜，其总部或者财务部门，或许就设在深圳水贝的某个不起眼的地方。所以，我们只要抓住源头，其他全国各地的单都可以做了。所以，风控和业务人员目前不是很多。

问：那么，你们的逾期坏账情况是怎样的呢？

李：今年到目前为止，穿透来看会有极个别企业是有过问题，但结合风控措施已经结束，比如，之前有一位用户是用珠宝质押融资，到期还款前由于资金安排问题可能会导致逾期，该用户在还款期前就直接带着买家将质押品卖掉，还款后还有多余资金，若按评估后的货物标的金额逾期反而会有损失。因为借款人评估专家委员会和风控的风险定价后会自己消化掉，所以从珠宝贷来看，逾期坏账确实还没有。

问：刚才您从风控、产品、透明化建设等方面谈珠宝贷的品牌建设工作。这方面，您还有哪些心得？

李：相对来说，我们还处于一个粗放运营阶段，员工只有六十多号人，有时候还不到。所以有些部门还需要增加人手。比如客服和产品技术，现在还是被动客服，就是通过电话、用户留言、QQ、微信等接受用户反映的意见，产品的迭代优化速度也有些慢。所以，我们会适当地增加客服做主动的客户回访，或者专门设一个维护高净值客户的专职客服，通过人才实现产品和服务的进一步升级。实话实说，这些都是我们可以努力的方向。

另外，投资人互动这一块，我们做得还不够。未来会增加用户开放日活动，也不排除用直播的方式与客户交流。

（本文作者：吴凤显；采访时间：2016 年 9 月 30 日）

e 路同心 CEO 闫梓：我可能是最喜欢与投资人互动的 CEO

人物简介

闫梓，现任 e 路同心 CEO。毕业于武汉大学。有近 20 年金融从业经验，曾任职中科健、A8 音乐、中国水饮料集团等多家上市公司，参与丰原生化/金蝶集团等项目的增发工作，主导 CWDK 上市和 HEK 并购项目，有较强的资本运作理念和较合理的金融知识结构。

闫梓

企业简介

e 路同心由深圳同心基金和广东粤科集团共同发起成立，是一家基于互联网的金融服务平台，致力于为中小企业和个人投资者提供投融资信息中介服务，注册资金 2 亿元。2015 年 1 月 18 日上线试运营，至今已累计成交 41 亿元，行业排名 24。

核心提示

女人天生的感性和细腻，决定了她们执掌的企业组织和男人主导的企业组织呈现不同的特征，这在 e 路同心表现得相当明显。同样是大面积的工作间，但 e 路同心的办公室简洁、温馨，浮动着女人的气息，丝毫没有车间般的压抑。在这家由女人执掌的 P2P 平台里，从风控流程的设计，到合作机构的遴选，再到终端资产的把控，乃至投资端的服务创新，直至投资人教育和服务等环节，无一不渗透着女性的细腻，但又不失严谨，这可能出于女人对安全感的天然需求，也可能出于金融从业者对风险天然的敬畏之心，抑或是得益于其背后资本的雄厚与稳健。此种稳健是基于他们对互联网金融的未来前景有着乐观判断：收缩是暂时的，互联网金融的春天远未到来。

拥抱限额规定，去做小额分散

问：昨天（作者注：2016 年 8 月 24 日），《网络借贷信息中介机构业务活动管理暂行办法》（以下简称《暂行办法》）终于公布施行了，您看了吗？

闫梓（以下简称"闫"）：是的，这个《暂行办法》还算是一个比较详细的管理办法，让我们这些从业人员知道以后该怎么走，怎么做才是合规的，可以想见，未来这个行业将会在规范中求发展。《暂行办法》可以说跟以前的征求意见稿没有太大的出入，还算在意料之中，唯一意料之外的就是限额部分。（作者注：《暂行办法》第十七条规定，同一自然人在同一网络借贷信息中介机构平台的借款余额上限不超过人民币 20 万元；同一法人或其他组织在同一网络借贷信息中介机构平台的借款余额上限不超过人民币 100 万元；同一自然人在不同网络借贷信息中介机构平台借款总余额不超过人民币 100 万元；同一法人或其他组织在不同网络借贷信息中介机构平台借款总余额不超过人民币 500 万元。）

当然，我们也理解监管意图，中国的金融环境走到今天还是应该去杠杆化，对于野蛮生长的 P2P 行业，政府希望它不要去做银行、小额信贷、融资租赁等传统金融和类金融行业的所谓大单，刚起步的你还不具备这样的风控能力。你就回归你的本位去做小额分散的普惠金融，监管层鼓励你创新，用 IT 技术来获取资产，并用科技手段去做风控，把大数据逐步引入和完善，让你走科技金融的这条路，定位于主流民间金融和主流金融系体系的一个补充，从大方向而言，这些都是正确的。

虽然我们不像有些平台做的都是上千万的大项目，但我们平台偶尔也有五百万元的项目，所以，针对限额这一监管规定，我们也必须调整，做到合法合规。

问：你们成立一年零三个月，累计成交量达到 41 亿了，其中，超过上述限额的融资占多少？

闫：这样说吧，我们平台主攻中小企业贷，针对小企业放款近 7 000 个项目，平均每个标的金额是 48 万元，个人借款金额更小，我们的模式就是通过机构获取小额分散的资产，所以需要调整的幅度不大，直接剔除债权转让产品线就可以。小额分散本来就是我们想做的事，我们给自己的定位就是做传统银行的阳光还没有照射到的市场，这个是我们董事长朱立行最早提出来的，也是切合实际的。去年，我们还因为扶持深圳中心企业的发展，以小而分散的模式得到了前海政府示范性平台的殊荣，拿到了前海政府给予的 1200 万元无偿扶持资金。

问：现在既然已经限额了，未来如何应对这个规定呢？

闫：首先肯定要拥抱监管，做合规整改，这个是必须的。监管是我们这个行业每个人的期待，监管来了，我们每个平台都要做"自我体检"，让自己成为健康的一分子。同时，针对监管《暂行办法》的解读，我们整个行业也需要闭门学习，详细解读，执行总结。同时我们代表行业呼吁下，行业需要一个通道，看看能不能把企业在执行中的疑问比较快速地反馈至监管层，比如限额部分的操作在实际运营中存在的困难，几个平台的联合额度怎么在现实中得到落实。昨天，有几个国资背景的平台也在沟通这件事，我们资质、社会诚信度都相近的平台，能不能组成一个小小的联盟，同时共享发标资源，风险分担，利益共享，这个可能是变通的解决方案之一，同时也可以起到互相监督的作用。

当然，这么想容易，操作起来难度还是相当之大：第一，现在各平台都是信息孤岛，你怎么去监管它的联合发标情况；第二，各个平台基于个体差异，融资成本不尽相同，怎么处理；第三，投资人会认为操作烦琐，怎么运用技术打破这些壁垒，是我们要深度思考的问题。

或将迎来并购时代

问：你们的项目都是跟第三方合作的，对吧？

闫：对，第三方推荐项目，并对项目进行兜底，这个项目如果出现风险了，第三方就要提前帮借款人还款。我们平台上的所有债权，都有增信措施或者有代偿的环节设置，我们平台上是零坏账、零逾期。

问：有的平台是这样与小贷公司等第三方机构合作的，由小贷公司先把钱贷给借款人，然后再把该债权转让给 P2P 平台，P2P 平台再向投资人融资，你们是不是也这样的？

闫：我们也有一部分是这样的，刚才说监管来了，我们要下线的就是这个产品，合规是第一位的。（作者注：《暂行办法》规定，网络借贷信息中介机构不得开展类资产证券化业务或实现以打包资产、证券化资产、信托资产、基金份额等形式的债权转让行为。）

我们跟小贷公司合作本来就有两种模式，一种是债权转让，一种是直推直投。接下来，我们只要把债权的产品去掉，扩大直投的产品规模。

问：针对《暂行办法》，除了限额和债权之外，你们还有哪些需要调整的？

闫：其实在《暂行办法》还是"征意见求稿"的时候，我们平台就做了很多主动求监管的事，比如找资金托管银行，比如把逾期和不良的监督权交给投资者做到信息透明化，比如率先对接第三方信息披露平台。既然做了，我们就希望能把它做好，做到公正、公开、透明。

针对《暂行办法》，希望借此向管理层反映一下我们的呼声，希望在针对整个行业的整改之后，待行业稍趋规范与稳定，监管部门还能考虑对网贷行业进行分层管理，毕竟有的平台适合做信息中介来管理，有的平台还是适合做信用中介来管理。消费金融并不好做，其复杂程度超过针对中小企业融资的抵押债权的操作方式，特别是在中国目前征信体系并不完善的社会条件之下，消费金融板块以前主要是高收益来覆盖高风险，所以如果3 000家企业一起转型做消费金融，市场会怎样？会不会为了抢市场就蔓延出一场价格的恶战？会不会为了有资产可售就降低资产的风控标准？会不会随着市场成熟度的发展出现利用科技漏洞骗贷的团伙？诸如此类的一系列问题都有待我们深度思考。如果真的出现前面的任何一种情况，那么对这个并不完善的普惠金融行业都可能产生毁灭性的打击。

问：您觉得未来网贷行业的格局可能会是怎样的？

闫：一个行业如果想繁荣，肯定应该是一个"百花齐放、百家争鸣"的局面，现在的监管只是一个行业野蛮成长后的收缩与冷静，希望通过监管，淘汰一部分不合规、又无法转型的平台。之后，这个行业一定会迎来一个大的发展，创新和并购会成为主旋律，行业格局会渐趋成形。这之后，或许可能有新的监管办法出台，才可能在限额和分层管理等方面再有突破，才会鼓励百家争鸣，金融创新。

所以，我对这个行业期待很高。这也是我愿意接受这个行业的主要原因。很多人都开我的玩笑，说你以前做企业上市多高大上啊，怎么会来做矮矬穷的事情呢？的确是，这两年我好像老了不止五岁，但是心里还是有着信念，就是对这个行业未来的憧憬。

情怀暂搁一边，做更理性的设计

问：您之前怎么想到来做P2P？

闫：现在大家做P2P很流行谈"情怀"两个字，当然也所言非虚。我们公司（e 路同心）董事长叫朱立行，之前他在浦发银行做行长。那时候，浦发银行做了一个产品叫"联保联贷"，给非常多的小企业做贷款，其中有好几家后来都上市了，回头再看这些老板都表示特别感激浦发银行，说只有浦发银行为他们雪中送炭。

朱立行是用这段有情怀的故事打动了我，让我毅然加盟 e 路同心。但来到这个平台后，情怀就暂时被搁到内心的一个角落。面对投资人的信任，我觉得我更需要理性，因为你面对的不仅仅是有资金需求的机构，更多的是投资人。

在 P2P 行业，我可能是为数不多的经常在投资人管理群里去跟投资人互动的 CEO。有投资者说，有闫总在，我们就放心了。另有投资者开玩笑说，你又来拍马屁了。他说，我真的不是拍马屁，我的钱从其他的平台上逐渐转到 e 路同心，就是因为她在这里跟我们沟通，让我们知道平台发生了什么。昨天下午，《暂行办法》出台之后，我在投资群里待了三个小时，跟投资人交流。我是行业的从业者，你是行业的参与者，我有义务、有责任让你知道最新的监管动向和平台未来可能发生的改变。

某天晚上 11 点，我上线跟投资者互动。有个投资者跟我说了一句话，他说，他很少投 P2P，但还是投，就像不能戒掉毒瘾一样，因为内地的投资渠道太少了，但他投了 P2P 就有些失眠。听到这些投资人简单朴实的话，我只能说努力把握好安全的防线，让我的投资人睡个好觉吧！

可以想见，这些人的钱都不是大风刮来的，不管损失三万，还是五万，对他们造成的伤害都比较大。e 租宝事件发生的时候，我自己也失眠了。我们女人会更感性一些，会有这样的情怀。我当时在想多少投资者今天都睡不着觉了。这都是情怀的那一部分。在这样的情怀之下，我更要做理性的设计、规范的运作，所以我们现在坚持做增信措施完善的资产。因为现在整个中国经济在下行，没有增信措施的资产的风险相对比较大。

问：您刚才说，进入这个行业后至少老了五岁，为什么？

闫：这个行业真的很累啊，一切都是新的，一切都得自我建设，特别是规范的平台想和不规范的企业竞争，谈何容易？他们能出得起的获客成本，哪里是我们能承受的？我和这个行业里十来个 CEO 关系挺好的，会偶尔聚一下，基本上，大家都是面带疲惫，晚上 12 点钟能休息，对我们都是奢侈的事。

另外，三无状态是一个问题，因为行业缺失监管，投资群体也不成熟，所以有些行业怪象被投资者认为是正常的，当我们规范运营时，会遭到他们的质疑，很无奈。当然资产的获取也是一个问题，怎么能拿到相对优质的资产也考验着我们的平台。我们有两个月都严重缺资产，发的新标瞬间就被抢完了。就有投资者抱怨说，我的钱已经充进来多少天了，都抢不到标，但是我们也坚守本心，不会因为这个降低我们的风控标准。

问：标不够卖？

闫：一段时间内是不够卖的，所以真的没资产的时候，怎么稳定心态，守好防线是很考验人的定力的。

问：三无状态基本得到解决了。至于投资人，还需要做更多的教育。

闫：对，身份确立了。投资人教育，我们做了不少事情。

一年来，我们举行了七八次投资者见面会或是小型的投资沙龙，我们会让投资者来参观我们公司，看我们的信审资料，看我们的交易结构。我们还会带他们到为我们提供资产的合作机构去看，把一个透明的 e 路同心摊到大家的面前。

只做家门口的资产

问：你们只做有增信措施的资产，再加上经济下行，那你们怎么解决资产方面的压力呢？

闫：我们不会因为资产压力大，就放弃资产的门槛。我们的股东是同心基金和广东粤科集团，非常支持我们走稳健的道路，做金融比的就是长跑，一时一城不是我们的着眼点，我们从来没有去强调规模有多大，速度有多快。我们也从来不会特别高调地、激进地宣传。我们平台成立时间不长，苦练内功是我们必经的阶段，等待时机，即便抵押债权少，规模逐渐变小，我们也不会放弃安全第一原则。这是我给自己定的一个要求，必须对投资人负责。

刚才也说过，这个行业以后会存在并购的机会。我也不排除通过并购某些资产非常优质、经过市场检验的平台，来解决资产的问题。所以不拼在这一时吧。

问：今年计划做到60亿，是吧？

闫：总交易规模做到60亿。不是今年做60亿。

问：现在已经是41亿多了，完成任务很轻松啊。

闫：是很轻松的。我们其实是一个很幸福的平台，我们当时把这个目标报给我们的股东时，股东说，交易规模不用做这么多，但其他考核指标更严苛，比如资产的安全度、不良率、杠杆、分散度等指标。所以，我们所有的资产都给投资者增加了几层增信措施，除此之外，我们对自己还有一个约束，我们做的几乎都是深圳的资产。大家都知道什么资产最安全，就是资产半径越小，越安全。家门口的资产，谁家家底怎么样容易掌握。

我们的贷后管理做得也非常严格。正好昨天还有一个记者给我发了一条信息说，他专门通过小贷公司了解到我们的风控做得太严了。

问：那你们是怎么做风控的呢？

答：我们的风控有两块：一是对合作机构的风控；二是对合作机构推荐的项目的风控。

推荐机构的资质是我们非常看中的，万一他推荐的资产有问题，他一定要有兜底能力，所以我们的合作机构基本上都是上市公司背景、国资背景的、有牌照的小贷机构。一直到现在，我们的合作机构也就 28 家，都是优中选优，好中选好的。

同时，小贷公司推荐给我们的项目，我们也分级做风控，比如，小额的我们怎么做，大额的我们怎么做，小额的样本数怎么定，大额的样本数怎么定；在抽样的环节发现异常的话，我们第二期的样本数要增加多少，我们的回访要增加几个步骤，我们到实地考察要增加多少考察内容。我们是把银行针对小微企业的风控模型和小贷行业在这十几年积累的风控模型融为一体了。

问：风控有多少人？

答：我们现在有 13 个人。

问：贷后管理指的是说去考察借款人？

答：对，第一步打电话核实是不是这个借款人。第二步去借款的企业考察。比如我们的红本赎楼的合作机构，其风控标准并不是你有抵押就可以了。我们还要一起监控你的资金使用方向是不是和之前说的借款用途一样。这是银行的风控模型，也是很多小贷行业或者民间金融不会考量的因素，但我们平台觉得资金投向决定了这个资产的风险度，通过过程控制，进入企业流通环节的资金是最安全的，是产生价值的。

团队是最大的竞争优势

问：您对 e 路同心未来的发展构想是怎样的？

答：我觉得互联网金融行业是一个初生的行业，变化很大，看得太远没有什么意义。所以我们只说一年之内我们要做什么。这一年内，我们肯定会根据《暂行办法》去规范自己，把小额分散做下来。未来，构筑消费场景，做消费分期的产品会成为我们的主力产品。我们不会市场有什么我们就做什么，也不会市场热度在哪里我们就往哪里跑，从最早的小贷资产到现在的消费分期，我们遵循的还是那个原则：发现核心资源，挖掘核心价值，做自己生态链里的事情，做自己有掌握力度的事情。

问：很多平台都转做消费金融，大家不是都趋同了吗？

闫：我也看了很多平台做的消费金融，有的是凭空人趋我趋，跟随潮流，这种可持续性是有限的。如果你不能构筑一个场景，去延伸消费金融产品，那么你的市场是没有壁垒的，任何人只要比你成本低就能抢走你的市场。

而我们是根据我们股东的资源，设计别人可能不具备的场景，去做细分领域的消费金融。

问：《暂行办法》出台了，大家都明确是信息中介了，e 路同心有哪些差异性使自己在竞争中具有一定优势？

闫：我首先讲一下我们的劣势吧。我们平台管理团队都是金融出身的，金融出身的人更严谨些。比方说我们的平台从有想法开始，就引入律师团队一起来做合规建站，当然合同的起草，活动的规则都会律师审核，相对严谨的同时也导致读起来比较晦涩，有投资人反映这类问题。我觉得这是我们需要改进的地方，怎样让投资者最简单、最容易地把握我们的运营情况。

当然我们的优势也是我们的团队。我们的董事长朱立行是银行出身的，之前已经做到银行分行的副行长位置了。他的思维天生带有传统银行和金融创新的双重理念，他是我们企业的灵魂所在。

我们团队的组合也非常好。我们的技术总监来自阿里和宜信。我们资产端的管理人员曾是平安银行支行行长，又是鹏金所的资产老大，很有经验。我们的风控人员来自银行和小贷公司，建立了一套适合我们的风控机制。我们资金端的管理人，以前是招商银行首批私人银行理财经理，当年个人业绩在全国招商银行排名第三，服务过非常多的高端客户，在资产的配制方面、投资端的创新方面有很好的创新思维。

比如有很多深圳的投资者已经还完按揭，已有红本在手。我们就带他们跑银行，帮助他们去银行做消费贷款，做 400 万元到 600 万元的消费贷款，成本是年化 6.7% 左右，投到我们平台上可以获得年化 11% 的收益。我们这样帮助投资者盘活手中的资产。估计在 P2P 行业，只有我们有这样的思路。

　　我们公司管理团队比起其他的 P2P 平台而言，真的是都不年轻了，我都快五十岁了，董事长也快五十了，我们总监以上职务都是 35 岁到 50 岁的年龄，这个年龄层的人相对而言有着丰富的从业经验，也对自己的未来职业生涯有着很高的期许，我们希望建设一个有道德、有责任、有理想、有情怀、有能力的团队。这就是我要的排序，第一位就是有道德，这对于从事金融行业而言，非常重要，这就是我要的团队，e 路同心拥有的团队。

　　　　（本文作者：吴风显；采写时间：2016 年 8 月 25 日）

农发贷 CEO 杨世华：靠利差生存不可持续

人物简介

杨世华，毕业于北京大学光华管理学院，工商管理硕士。曾就职于工商银行、上海银行等机构，在商业银行拥有15年营销、运营、风险及技术开发管理复合经验。

企业简介

农发贷，国内第一家"结合农业生产场景"的互联网金融平台，于2015年3月上线，获得上市公司诺普信（股票代码：002215）天使投资。至今注册用户28万多人，累计投资金额超过20亿元。

杨世华

核心提示

一向沉寂的农村金融市场正被互联网点燃了战火。蚂蚁金服、京东、宜信等巨头都在这个中国最广阔的战场上排兵布阵、攻城略池。但相较于城市，农民缺乏抵押物，信用数据更为缺失，农作物受自然气候的影响又非常之大，因此，巨头们在农村金融市场是否也能像在城市那样呼风唤雨，发挥非凡的力量则未可知。

号称国内最大的三农互联网金融平台翼龙贷已发出了先驱之声：农村金融市场"难点很多，问题也错综复杂"。但在渠道布局和营销策略上，翼龙贷仍体现出激进路线——在全国大举发展加盟商，拿下2016年"央视标王"等，结果却使自己深陷自融、发展模式的质疑声中。

在如此背景下，我们先后两次采访农发贷CEO杨世华。这是一家农业供应链金融平台，上线10个月累计成交量即突破20亿元，没有坏账，仅有几例逾期，2016年更制定了宏伟的发展目标。杨世华逻辑自洽地解释称，农发贷的风控模型、盈利模式与其他互联网金融平台有许多不同，并在效率提升等方面有着显著的优势。

农村金融也有大数据

问：现在国内经济下行比较明显，P2P 平台普遍缺乏优质资产端，那么，农发贷的农村资产端情况如何？

杨世华（以下简称"杨"）：经济波动是很正常的。但有一个行业，它一直比较稳定，别人在快速增长的时候，它不怎么增长，但别人在显著下跌的时候，它也不怎么跌，那就是农业。也就是在经济的下行周期，农业反而是一个相对稳定的抗逆周期性行业。

另外很重要的一点是，现在是中国农业现代化发展的重要窗口期，特别是种植业。农业要发展，还得走规模化经营、现代化经营的道路，但过去我们的体制不支持这样做，因为我们实行的是包产到户，把土地分散了。从经济学角度来讲，这是不科学的。我们应该把农业中最核心的生产资料土地交给最善于经营土地的人。应该说我们的政府也看到了这一点，这几年政府大力鼓励农村土地流转集中，这就打开了农业现代化的窗口。所以我们选择农业供应链金融，正是看到了这种方向性趋势。

问：农业有其特殊性，受自然气候等影响比较大，农产品价格波动性比较大，农村空心化的表现也很明显，那么，做农村金融如何控制风险呢？

杨：我们选择的业务切入方式比较特别。我们选择的是天使轮投资方诺普信（作者注：目前中国农药制剂领域唯一的上市公司）过去 20 年积累的客户和业务网络。这里面的客户都是有多年的种植或农资经销记录，相当于有了历史大数据积累。我们知道哪个产区有哪些是优势作物，我们还能够确保资金的真实用途，农户的用肥、用料都纳入我们的贷后监管体系。我们从中选择那些专业种地、信用历史记录好的专业农场主。我们去年在西双版纳做试点，和我们 2015 年大规模的推广，都是基于我们过去的这种数据积累。截至 2015 年 11 月 6 日，我们只有一笔逾期，但只是逾期了一天。当然，我预计将来还会有逾期，但基于我们过去十多年赊销的经验积累，我们对资产质量很有信心。

问：翼龙贷也做农村金融，他们的负责人在接受问题采访时说，农村金融有很多难点，但你们似乎没什么难点啊。

杨：我们瞄准的是种植业里面 20% 的优秀规模化生产者，而且我们做的是场景金融，是农场主在经营过程中采购生产资料的供应链金融。这完全是两种不同的业务模式吧。

问：其实诺普信所占的农药市场也只是全国的 10%，农发贷的资产端除了诺普信的网络之外，你们还会有自己的资产端吗？

杨：我们是一个开放的平台，只要能够触达优质农户，我们也和其他农资生产、经销企业合作。我们的使命，就是去发现并且帮助中国最优秀的一批农场主做好专业经营。

问：媒体报道说，有些农业互金公司在农村设立的不少加盟机构出现跑路，那么你们在拓展业务网络时对这方面的风险是否有所考虑？

杨：首先，我不太好去评价其他同业的做法。不过，如果你找的加盟方，也是通过放贷的利差去赚钱的话，那么很可能就会伴随一些欺诈的风险。但如果你的合作伙伴本身就有其主营业务，你的金融服务是帮他把主营业务做得更好的，至少欺诈的风险相对要低。而且我选择与第三方合作，与风险管理相关的现场调查、研究分析、风险把控，都是我们亲自做的。我认为风险管理必须亲力亲为，不能外包。

经销商甘愿担保

问：现在农发贷有多少借款人呢？

杨：目前已经有 3 000 多个了，这个数据每天都在增长。都是规模化的种植者、农场主、合作社等，他们应该是最能代表中国现代农业发展方向的一个群体。目前我们的借款人都是种植户，养殖业还没涉及，我们认为养殖和种植的风控管理还是有很大的不同。

问：你们覆盖了哪些农作物？

杨：主粮如小麦、马铃薯和水稻等。经济作物品种比较多，如海南的热带水果，广西、云南的香蕉，河南的中药等，品类非常多。

问：每个作物的风控手段应该都是不一样的，怎样才能建立完善的风控体系呢？

杨：这个如果展开讲内容会很多，因为每个作物都不一样，再结合供应链去做，其中的变化很多。举个例子，为确保资金用途的真实性，我们不会把现金交给借款人，而是受托支付给经销商帮农户去买农药肥料、农机具等，农户收成了再还款。这样，资金的用途被严格管控。过往信贷出现逾期或者不良，很多时候事后回去总结，是资金用途真实性没管控住，所以我们认为供应链金融里，管理资金用途是基本要求。

再比如我们对不同产区不同作物的授信金额进行有效控制。比如说马铃薯，每亩肥料、农药的成本在 400 到 600 块钱，还有其他土地租金、人工及机构的成本，每亩成本在 1 200 元以上。我们给的最高授信不超过 500 元，香蕉的种植成本又不同。我们会根据这些数据的积累，对每个大类的作物设定授信准则。

问：你们的借款有第三方担保吗？要提供抵押物吗？

杨：全部都有第三方担保，要么是经销商为农户提供担保，要么是其他主体为经销借款提供担保。不同地区，不同作物的农户有不同的做法。有些农户要把土地处置权抵押给我们。有些农场主在城市有房产，如果我们认为有需要的话，也会要求他抵押。

问：还有别的形式吗？

杨：有，例如农户之间联保，农机具类的融资租赁等。不同的产品，风控方式会有不同。

问：风控模型设计得再好，但人力难以控制天灾，你们如何减少系统性风险呢？

杨：最近十年，农业的系统性风险是持续下降的，我们每年粮食基本上都在增产。增产增收的背后，其实是水利设施的建设，是保险体系的覆盖，是疾病防控技术的进步。

对于天灾，风险管理主要是想办法防范系统性风险，例如海南有台风，但东北不会有台风。再比如水稻要防范钻心虫病，但不大可能全国都出现流行爆发。

就农发贷而言，我们要分散风险，就要覆盖不同的农作物。我们还要加强不同产区、不同作物的研究，建立不同的风控手段。比如说，我们内设有"三农研究所"，专门研究某个产区哪个作物是优势作物，哪个是高风险作物，比如海南的香蕉我们基本就没做，因为受台风影响大，而且黄叶病比较严重，风险较高。但在广西和西双版纳做香蕉就相对安全。我们在海南只做热带水果，比如火龙果、莲雾、菠萝、木瓜等，甚至矮化的芒果，它们几乎不受台风的影响，风险相对要小。在全国不同的产区，我们都在做这样的研究以支持我们的业务决策。

除此之外，我们还不断丰富风控管理手段，比如，我们也和保险公司合作，帮农民购买农业保险。

问：你们帮农民购买保险，还是农民自己购买？

杨：他们自己购买，我们只是推荐。以前，农民想买农业保险但买不到，因为保险公司在农村没有网络，保险公司如果去农村推销的话，营销成本非常高，他们把营销费用加进保险里去的话保险的价格又高了。我们和保险公司合作给农户推荐保险，可以节约营销费用，进一步帮农民降低购买保险的成本，同时增强风险抵御能力。

不靠利息差生存？

问：据了解，农发贷的用户融资成本是比较低的，那么你们是怎么维持这个低成本的？

杨：首先，这与我们的发展定位有关。农发贷的定位，是探索帮农民解决融资难、融资贵问题。如果我们定了一个很高的价格，那么平台就失去意义了。但作为一个企业，我又需要持续经营，长远来讲需要有足够的收益去覆盖我的支出和风险。

前期我们没有马上盈利的目标，我们的股东方有很强的实力，足以支持前期所需的投入，去尽量扩大市场的覆盖率。

从长远来讲，我们需要盈利。那么我们的收益从哪里来呢？一方面，我们有了足够的客户和规模后，会有规模效率，我们的边际成本会下降，毛利率会提升；另一方面，我们通过金融介入，沿着供应链条在帮助各方提升效率，这里也会贡献收益。

问：农户的融资成本大约多少？

杨：平均年化收益8%，跟向银行借款差不多。

问：投资人的收益是多少呢？

杨：平均是11%。平台是倒挂的。因为我们在其他地方有收益。

问：阿里、京东等巨头都大举进入农村金融了，针对农村市场的P2P平台也不少，如翼龙贷、宜农贷等。那么，农发贷的优势是什么？

杨：有竞争是好事。中国农村市场那么大，容得下更多的参与者。需要更多像我们这样有志于助力农业现代化的主体一起来参与，一起去推动这个市场的变革，真正让农民受益，推动农村的发展，并加快构建分层的金融服务体系，最终帮助整个社会降低成本，提高整个产业的效率。

问：农发贷现有多少人？

杨：将近160人。现在我们在各地区拓展业务网络，逐步把队伍本地化，贴近农户提供更好的服务。

自律，所以资金安全

问：农发贷除了 P2P 平台还有别的资金的来源吗？

杨：还有银行的联合贷款。目前，银行为我们提供的资金成本更低些。

问：银行为什么愿意提供更低的贷款呢？

杨：如果把风险管理做得比银行更深入、更专业，银行当然是愿意合作的。

问：既然你们能从银行获得的更多更低成本的资金，为什么还要发展 P2P 呢？

杨：银行的资金来源是吸收存款，本身是有成本的，再贷给农户，中间实际上多了一个环节。而 P2P 从长远来看，把中间环节省掉了，长远来讲成本会更低。互联网金融是趋势，在早期发展时行业会遭遇一些波折，但我们应该顺势而为。

问：我发现农发贷平台目前资金十分充裕，流入的资金已经超过需求了，但农发贷平台上的资金目前还没有进行第三方存管，对吧？

杨：目前还没做资金第三方存管，一方面是考虑互联网金融的监管实施细则一直没有正式颁布，在具体的监管方式、方法上还有很多不明确的地方；另一方面我们平台从设立的那一刻起，就严格把客户资金与自有资金分户核算，实行严格的自律监管。我们整个平台的资金和我们的自有资金在上海银行是分账户核算的，是严格分离的。我们完全不可能提现挪用。

问：我们上次见面时，你们的成交量刚过 10 亿，现在刚过去一个多月，已经涨到 18 亿了，也就是说这一个多月涨了 8 亿，为什么有这么快的增速呢？2016 年又怎么确保能实现更宏伟的发展目标呢？

杨：12 月份刚好冬储，所以最近我们的业务快速增长。前期，我们在全国大力布局，我们的队伍也在壮大，专业能力正在快速提升，整体发展是不断加速的。

对于 2016 年的发展目标，首先全国的市场空间是很大的，仅种植业这块，肥料 2014 年全国的销售额是 9 000 亿元，农药是 900 亿元，种子是 3 000 亿元，农机具是 5 000 亿元，加起来将近 2 万亿元的市场，今年还在增长。在一个2万亿元的市场里，我们去做几十亿，空间还是有的，对吧？其次，农村在过去长期金融服务供应不足，甚至存在很多空白领域，在一个供不应求的市场，在这样的市场，增长速度可以比较快。

问：农资市场有两万亿，但您有什么条件能够实现几十亿的目标呢？

杨：公开数据显示，2014年整个农林牧渔对GDP的贡献是9.8%，但它们从金融系统获取的信贷资金只占1.3%。这说明农村金融供应严重不足，加上各地的土地流转又在加快，有很多新增的资金需求。我们前期有股东方二十年的积累，有2015年打下的较好的基础，面对巨大的空白市场，进一步加快发展还是有可能的。

问：农发贷有没有融资计划？

杨：有，我们明年要进一步加快发展。我们会联合各种志同道合的战略投资者一起发展。如果这个战略投资者本身有比较好的品牌美誉度，其加入能对我们的品牌有所提升，对农发贷的健康发展有很好的战略协同，我们会优先考虑。

五个工作日就可以放款

问：您之前在银行工作？

杨：是的。之前在传统银行做了15年。今年2月份离开商业银行与几位合伙人共同创设农发贷。

问：为什么转型做互联网金融？

杨：之前我在银行曾经分管零售金融，其中曾和企业合作面向农场主发放经营性贷款，在这个过程中，我发现近几年的土地流转使得农业规模化经营成为可能，也伴随产生了很多的融资需求。同时我也发现，通过银行的传统方式很难满足他们的需求，融资的综合成本也不低，并且附加值也不高，我所说的附加值不高，指的是很难做到像现在农发贷现在所做的附带提供供应链整合服务。又恰逢互联网提供了一些新的选择，金融作为一个有限许可的行业，在没有P2P之前，一般的民间企业要向全国借款人提供融资服务是做不到的，即使小贷公司它也只限于在当地经营。而P2P通过互联网使我们能够面向全国借款人提供中介服务，这相对还是挺创新的、便捷的融资服务。此外，我小时候也在农村生活过，对农村一直有割舍不掉的情结，在而立之后，希望能做点对农村发展有意义的事情。

问：那农发贷放贷的效率是怎么样的呢？

杨：从农户提出申请到放款，最快五个工作日。

问：这些农户分散在全国各地，你们还要做现场调查，那么如何做到五个工作日放款呢？

杨：我们目前的服务能力并没有真正覆盖全国。我们现在只能够在业务网络已经覆盖的区域选择一些客户来做。在我们覆盖的区域有农发贷的线下团队，加上股东方跟我们协同的人员，全国有 3 000 多人，300 多个运营中心，覆盖的面还是挺广的。

问：农发贷现在股份的构成是怎样的？

杨：最新的股权结构是诺普信持有 35%，管理层及骨干员工合计持有 65%。我们的理念是要打造一个共同创业、共同为三农服务的事业平台。

问：这几个月以来，从传统商业银行转型做互联网金融，您个人有什么特殊的感受？

杨：感受很多。最大的感受，还是觉得当初的判断和选择是正确的。我们这个年龄的人，还是想在剩下的职业生涯里能够做一些有意义的事情。这大半年的实践跟我们的预期是一致的，也切实帮助到农业的发展。当然，现在的工作所负荷的压力肯定要比银行大，挑战每天都会有，这也正常。但对比银行工作而言，我感觉更快乐一些吧，至少不太需要去处理一些复杂的人际关系。

问：还有什么比较大的感受呢？比如说，农发贷是基于互联网的金融平台，那么您所体验的互联网新技术对金融的影响是怎样的？

杨：我早期曾经在工商银行从事软件开发的工作，后来从技术转做业务，在银行做过的岗位也比较多，对商业银行有一定的了解。通过比较，我认为，互联网金融对于我们国家构建更有效率的多层次金融服务体系是有很积极作用的。但我并不认可互联网金融将会颠覆商业银行的那类观点。在中国这么大的市场，需要多层次的金融服务体系。传统商业银行在全球已经发展了两百多年，有它存在的必要理由。同时在面向广大农村、小微企业时，商业银行的业务体制决定了它们不如互联网金融那么高效。通过这大半年的工作，我发现，在面向小微企业、面向广大的农村，互联网金融可以作为商业银行很好的补充。

其实，农村市场本来就是商业银行本来不做的市场。过去十多年，商业银行从广大的农村市场退出，仅四大行就从农村撤并了 2 万多家网点。

所以，现在互联网金融比较好地填补了这一块空白，它在细分市场里会有比较好的发展空间，但取代不了银行，而是会和银行协同，为国家构建更有效的分层金融服务体系。

金融的根本价值在于把资金配置到更有效率的地方去

问：您对农发贷未来发展的整体构想是怎么样的？

杨：从定位上来讲，我们希望把它建设成中国最优秀的三农金融服务平台。将来，我们也可以做三农保险、农民理财、农业资产证券化等，这里面都是有空间的。目前，我们只是优先解决农户最需要的融资问题。

问：很好，我采访过，和比较过不少平台，我觉得供应链金融如果踏踏实实运营的话，对产业的整合和社会效率的提升，有着显著的价值。

杨：中国原来各种产业确实存在很多落后环节，很需要整合。中国政府也在提倡产业转型升级。我认为"互联网＋"，产业转型升级就应该从这些地方着手。

问：金融应该是其中最重要的环节。

杨：最重要也许说不上，可以说很重要吧。金融创造价值的根本点在于，通过金融服务把资金配置到更有效率的地方去。比如说我们专注服务全国20%最优秀的农场主，帮他们做大，提高了整个农业种植的效率，为整个社会创造了价值。供应链金融就是把资金配置到更有效率的地方去，比如农发贷通过金融介入解决了赊销问题，提高了整个农资供应链条的效率，我们就创造了价值，我们得从这些地方去思考。你不能从投资人那里拿到10个点的资金，再以20个点放出去，然后你什么都不管，反正我得到10个点的利差就可以了。我认为，这至少还没有触及业务本质。如果不能创造价值，终究是不可持续的。

我是坚定的市场派，我始终相信市场的力量。我们首先想的就是，我们为谁创造了价值，如果我们为别人创造了价值，那么我们这个公司就一定有价值，我们的员工就一定有价值。

问：这简直是画龙点睛嘛。据我了解，很多平台挂羊头卖狗肉，完全依靠利息差生存，借款人实际上承担了很高的融资成本。

杨：高利贷把借款人创造的那点财富全都给拿走了，这本身是不可持续的，这也是为什么我们要立法禁止高利贷的原因。如果农发贷会导致种植业更加落后，那我们就没必要做这个事了，市场最后也必然会惩罚我们的。

只要我们回归到创造价值的本质去做，少干一点挂羊头卖狗肉的事，少干一点资本炒作的事，少干一点浮夸的事，严厉打击那些欺诈平台，我认为这个行业还是很有发展前景的。

（本文作者：吴风显；采写时间：2015 年 11 月 6 日和 2015 年 12 月 31 日两次采访。作者注：现在农发贷已正式改名理财农场）

好贷网总裁李明顺：我们的内心是颠覆性的

人物简介

李明顺，好贷网创始人兼总裁，资深互联网从业者和创业者，互联网金融千人会执委、发起人，拥有 15 年互联网经验。

企业简介

好贷网：2013 年 3 月上线，致力于为信贷双方提供服务和连接。旗下拥有垂直贷款搜索网站——好贷网、信贷移动办公平台——信贷圈、分布式贷款搜索联盟平台——好贷云金融、信贷大数据风控平台——好贷云风控等多个信贷服务平台。

李明顺

核心提示

相对于狂飙突进的互联网金融行业而言，像"好贷网"这种为金融提供服务的互联网科技公司却表现出不急不躁的稳健作风，这和他们对互联网金融的信心大有关系。他们坚信互联网一定会颠覆金融。所以，他们并不急于实现眼前的利润，而是通过多轮融资，坚持从边缘到核心的战略，逐步建构信贷圈、云金融、云风控、金牌顾问等金融服务体系，以服务更多的信借贷双方。好贷网 CEO 李明顺认为，只要有价值，必然会实现市值。而价值和市值远比资产和眼前的产值更加重要。正是如此逻辑和大势判断，才塑造了他们颠覆野心之外的温和改良。

从边缘到核心

问：好贷网主要是想把银行等金融机构跟借贷人连接在一起？

李明顺（以下简称为"李"）：没错。

问：最早怎么想到做这个产品？

李：也是一个巧合。之前老有人给我打电话，问我要不要贷款，大概一个月接好几个。后来我跟他们聊业务，发现他们少的一天打一两百个电话，多的打五六百个电话，但一个月也就做成一两单，也就是说，他们做成一笔贷款平均要打 3 000 ~ 5 000 个电话，成功率极低，而且骚扰了很多人。他们还会在夜里两三点钟往你车上塞卡片，一个晚上塞 1 000 ~ 1 500 台车。第二天他能得到的回应也就是一两个，这仅仅是回应，还不代表能成交，所以他们的获客成本是很高的。另外，有那么多的银行、小贷公司、典当行、P2P、担保公司都在找客户，很多人都被骚扰。所以我想，为什么不能反过来，让借款人发起一个请求，让金融机构来找他呢？这样就可以减少骚扰电话，同时提升了金融机构的获客能力。所以我们就打造了好贷网这样一个 C2B 的服务平台，连接借款人和信贷员，我们现在已经服务了大概几十万信贷员。你可以把我们理解为贷款行业里面的 Uber 或滴滴出行。这大大降低了金融机构的获客成本。

问：我感觉银行的积极性不是很强，他们一贯只做大客户。

李：你的想法跟我们最初的想法相似。我们一开始找银行行长，行长动力确实不强。我们后来找信贷员，信贷员的动力更强。为什么呢？因为行长的目标是今年在支行，希望明年能到分行，今年在分行，希望明年能到总行，他不太在乎今年能不能多做两个单子。但信贷员不一样，他今年多做一个单子就多拿一笔提成，他希望有更多的获客渠道。

互联网影响借款人肯定很容易，因为以前他们要贷款必须上门找银行，这是一个很痛苦的过程，因为经常被拒嘛。现在，你通过互联网发出借款申请，就有很多人主动找你，帮你解决问题，那你就有了使用这个软件的动力了。

所以，互联网技术在颠覆很多行业的时候都有一个规律，一开始不是影响很多人、很多事，而是从边缘地带开始，逐渐影响核心。今天，你想用互联网技术影响大银行，或者金融机构的决策层是挺难的，但你可以影响相对边缘的人，比如信贷员、民间小贷公司、商业银行、股份银行等，所以，银行体系也不是一成不变、坚不可摧的。

问：银行只做大客户，他们的信贷员也是如此吧？

李：其实，银行也开始服务小微企业了，有的银行已经建立了独立的团队，有的银行把小微企业服务放在信用卡部门。而且，他们的获客成本也很大。他们过去不愿服务微小企业，一是有大客户，二是人手不够。现在我们用互联网去影响他们是可以的。

我们不仅服务银行，还包括典当行、小额信贷公司、担保公司等。一个好的互联网公司必须打破信息不对称。

问：好贷网于 2013 年 3 月上线，实现的成交量是怎样的？

李：在我们平台上提交的贷款申请已经达到一千多万人次，申请贷款的金额过万亿级，最终达成的借款也在千亿级。

问：成功撮合交易后，好贷网从中提取佣金以实现收入吗？

李：不是。我们目前对借款人是免费的，但我们对信贷员收取会员费。我们有两种会员，普通会员和金牌会员。普通会员一个月缴几百块钱，或一个季度一两千块钱。他们成为我们的会员后就有了抢单的权力。金牌会员每抢一单都缴一定的费用，无论有没有达成借款。但这个费用极低。

未来，信贷员就像滴滴出行的司机

问：好贷网盈利情况如何？

李：我们的收入还不错，但目前还没把收入当成最大的目标。我们希望服务更多的信贷员和借款人。

而且我们一直认为信贷员不是我们赚钱的核心对象，因为他们会从他们的提成里拿出一部分钱给我们。这个钱对我们而言是小钱，我们更希望未来把信贷员武装起来，帮他们挣钱。

现在很多贷款机构都希望扩大业务，但不可能再像过去一样养几千人、几万人的业务团队。那么，他们可以跟我合作，他只要给我一个需求，我马上可以让几十万信贷员给他干活。所以，我们去年年底提出"云单服务"体系。

在这个体系里，信贷员叫独立信贷员，他们在未来的共享经济里将扮演很重要角色。他可以通过我们这个平台给任何一家贷款机构提供服务，金融机构只要支付一个合适的佣金，他就可以给你打工了，不需要底薪。试想，假如有十万个信贷员跟我们紧密合作，平均一人一年做 500 万元的资产，那 10 万人就是 5 000 亿。所以我们希望未来能够真正解放信贷员，让他们就像今天滴滴出行的司机一样，成为共享经济里面的一个很重要角色。

问：独立信贷员有什么优势呢？

李：如果信贷员只为一家金融机构服务，这家金融机构不愿意放贷，那借款人就无法贷款。有了独立信贷员就不一样了，他知道哪家银行可以贷给你，这家不行，还可以找哪家。现在，信贷员的屁股是坐在银行那边的，未来他的屁股却是坐在客户这边的。那时候，共享经济的模式就真正建立起来了，金融机构才会真正提升自己竞争力。假如你的机制不灵活，信贷员就不愿意介绍客户给你。你的服务做得好，我才愿意跟你合作。

那时候，所有金融机构的销售网络完全开放了，是完全社会化的。那么，他们要做的是产品创新，服务变得更加可靠，或者尽可能地降低资金成本。

所以，我觉得未来的金融是开放的体系，不是什么事情都得自己干。未来可能有的机构专门做获客，有的专门提供资金，有的提供数据，有的提供贷款管理，有的提供专业的风控等。共享金融里，每个机构只要做好最核心的那部分，这个产业链就自然而然地做起来了。这就是我理解的真正意义上的互联网金融。

要影响行长

问：现在优质资产比较紧缺，金融机构的风控压力都非常大。作为撮合平台，好贷网如何降低风险呢？

李：首先我们自己不放贷，所以我们不担风险，但我们有责任降低我们的信贷员或者信贷机构的风险。所以我们开发了云风控系统，信贷机构可以通过这个系统查到借款人的各种数据。

问：好贷网的数据来源于哪里呢？

李：我们跟八家征信公司，还有几十家各种各样提供数据的公司签订了战略合作协议。

用户在我们系统查询之后，又累计形成了新的数据。比如张三今天被A机构查，明天被B机构查，改天又被C机构查。这就形成了一个借款人申请贷款的数据。现在我们这样的数据已经有几千万条。那么贷款机构就会知道张三在过去一段时间里向多家机构申请过贷款的情况。

问：这个数据能说明什么？

李：这个记录不能说明这个客户就一定在ABCD等机构都借款了，但至少可以反映他在过去一段时间里贷款申请的频率。这对贷款机构最终的决策有很大的参考价值。所以，我们不是一家互联网金融公司，而是一家互联网金融服务公司。我们是做服务的。

其实，好贷网已经在不断影响金融行业的很多玩法，包括我们最近还要上一款新产品，叫金牌顾问。

问：这是什么产品？

李：我刚才讲了，要从边缘到核心，这个产品是针对金融高管的。我们2016年的目标是至少请一万个行长或金融机构的高管，或投资人到我们平台上来，当我们的顾问，让他们用互联网的方法扩展他的商业机会。

问：这是另一款APP？

李：对。如果借款人只借几万块钱到几百万元，信贷员就帮你搞定了。但你借几千万、几亿的时候，就需要找金融机构的高管甚至银行行长，或者一些投资人。我们就把这些人圈到平台上来。以前，你找行长，要通过各种关系才能找到他，也许你还要请他吃饭、送礼，最后还不一定管用。但现在我把他变成一种服务，你可以去咨询他。他不一定贷款给你，但他可以给你建议。

问：行长为什么愿意做这件事呢？

李：首先这个服务是付费的，要承认别人的时间价值，比如会见一小时，收取三五千块咨询费。其次，这些顾问都是很资深的，虽然他们不像马蔚华、马明哲这样的金融家，天天都有媒体去追捧他们，但他们也需要社会认可。我们这个平台就给了他们展示的机会。最后，他可以通过做顾问扩大自己的商业机会和人脉，他的咨询对象很可能会成为他的客户，这对他的吸引力远远大于几千块钱咨询费。

问：金牌顾问这个产品能说明你们现在所做的工作正在从边缘不断影响核心吗？

李：对。互联网影响金融首先影响的不应该仅仅基础设施，更应该是人的大脑和他们的行为。如果这些决策者因为互联网而获益，才会真正推动互联网金融的发展。

行行都能出行长

问：接下来好贷网还会往哪个方面去延伸？

李：我们的定位没有变。第一要把服务做深。第二要把服务往更有影响力的人群里面去做。这就像一个金字塔，我们影响了几拨人，最下面是信贷员，人数最多；再上面是风控，我们有一个云风控；然后影响行长。互联网的核心是什么，就是圈人。我们把他们服务好了，借款申请就多了。一些规模不大的贷款机构要想获得资产，直接跟我们合作就可以了。

我们去年还投了一些项目，如教育培训行业、家装行业做贷款的金融机构。他们只要跟好贷网结合，可以马上使业务覆盖到全国各地，他们只需要在每一个城市配备风控就可以了，业务我就帮着来做了。未来，每个垂直细分领域都会产生相应的金融机构，行行都能出行长。

问：进一步梳理，目前好贷网还提供哪些服务？

李：我们还有一个产品叫云金融。

问：这是什么概念？

李：我们在 2013 年提出了一个理念，就是所有网站的站长都是行长，因为有人流的地方就能开银行。网站也是一样，有流量的地方就可以开银行。所以，我们跟很多网站合作，把我们的产品嵌入他们的网站，这就成为一个贷款申请入口。

我们已经跟上万个网站开展了这样的合作。相当于我们在网上开了上万个借款人连锁店。中国有一万个以上网点的银行只有六家，中农工建交邮储。我们相当于是第七家网点过万的银行。

综合起来看，我们运用我们的"信贷圈"把信贷员连接起来；用云风控给信贷机构的风控人员提供决策支持；又通过云单服务让信贷员的能力得到更大的释放，他们不仅仅是我们的客户，还是我们的伙伴，是我们的供应商；我们又通过金牌顾问提高我们对金融机构决策层的影响。好贷网就是这样一个东西。

问：这个商业模式听起来很有趣。这个构想是怎么一步一步实现的？您以前并没有做过金融。

李：我觉得要跳开金融看金融吧，就像马云也不是做买卖出身的，马化腾也不是做聊天出身的。互联网思维里很重要的一点是，一定要站在用户的角度来想问题，挖掘用户最原始的需求。

为价值买单

问：您刚才说到互联网改变金融会从边缘到核心，那么，这个过程会比较快，还是比较慢呢？

李：我觉得是一个缓慢的过程。

问：互联网金融监管越来越严了，其次，近期爆发了不少极端的负面案例。在这种环境影响下，您觉得互联网金融的发展会不会出现反复？

李：肯定会，短期里，可能会有一些企业不可避免地死亡，或者放慢速度。因为一家公司的生存和发展除了受行业大趋势影响之外，还面临一些迫切的现实问题，比如你的团队有没有坚定的信心？你们的创业是不是投机行为？第二，你提供的服务和产品是不是有价值的。你随便买一套系统就上线了，并没有核心竞争力，也很容易死掉。第三，你在前期有没有足够的资金投入？如果你没有钱，你的资金链断了，那也是活不了的。

所以，政策上你不违规、不违法，又有好的团队、好的产品和服务，也有一个支撑团队发展的现金流和资金储备，你就能活下去。熬过了这段时间，你就会更加强大。历史潮流告诉我们，没有哪一种用户真正喜欢的形态会消失掉。互联网金融也是这样的。

问：好贷网的模式比较超前，我想，前期的生存状态应该不会太好吧？

李：我们还不错，为什么呢？政策层面，我们不碰老百姓口袋里的钱，是真正的信息服务。我们对金融的影响是良性的，促进金融机构效率的提升，是一种改良。当然，也许我们的内心是颠覆性的，但我们表现出来的形态是改良性的。

在产品和服务上，我们提供了独特的价值。在资金上，我们更不怕，我们已经做了好几轮融资，我们的投资机构都是中国，乃至全球顶级的基金。所以，我们是行业里为数不多的弹药非常充分的公司之一。

问：您认为互联网金融的大势是怎样的？

李：虽然近期有可能反复，但互联网对于服务业的改变趋势是不会变的，没有人可以阻挡这个潮流。所以我一直坚信互联网会颠覆传统金融。

但这个改变一定是循序渐进的，就像水、像空气，慢慢地影响你，让你不知不觉地被颠覆掉了。支付宝影响金融业，微信影响你，微信支付影响你，都是慢慢影响的。

金融也是一样的，中国大概有20万个银行网点。为什么要在最豪华的地方设网点呢？未来这20万个网点可能有一半，甚至是大部分都要消失，只要有APP就可以了。你只要在APP上发出一个借款请求，就会有信贷员为你服务，就不需要有那么多银行网点了。

问：就是说，你们想成为金融机构的阳光、空气和水？

李：对，我们为他们服务。

问：商业模式太超前了也很容易死掉。好贷网在目前的金融环境里处于怎样的生存状态？

李：目前金融行业更缺重新建立这个行业生态的游戏规则。在金融行业，真正用互联网思想、互联网的方式去影响金融的公司不多。我们是其中之一吧。而且在这个细分市场我们应该是唯一的一家。

今天，很多银行的信贷员跟我们的关系比他跟银行的关系更加密切。我们的平台上已有 40 万个覆盖全国的信贷员。

问：现在互联网金融也为借款人增加了很多借款渠道，这对你们会不会有比较大的影响？

李：我们跟这些网站机构也是合作关系，其实大部分互联网金融平台的资产端还是依赖这些信贷员来做的。他们真正做的是理财端。

问：但从您刚才的表述判断，好贷网目前的盈利能力还比较有限。

李：互联网时代，一家公司的市值、价值可能比他当前产生利润的能力更重要。我们现在看一个企业是看他的估值和市值，而不是产值和固定资产。今天很多互联网公司都是轻资产，房子是租的，公司只有员工和电脑，但为什么有的值几个亿、几十个亿，甚至几百个亿呢？就是因为他有价值。大家为价值而买单。

在中国，还没有哪个银行的信贷员比好贷网的多，也没有哪个贷款机构每年的贷款申请量比我们大，这就是价值。有这些价值，我们怕什么？

（本文作者：吴风显；采写时间：2016 年 4 月 19 日）

联金所 CEO 刘哲：P2P 行业会变得更加健康

刘哲，现任联金所 CEO。1988 年出生，毕业于中山大学，曾就职于深圳联合金融小额贷款股份有限公司，主办过亿元级企业融资。

初见刘哲，是在一次互联网金融论坛上，由于时间有限，互换了名片之后没有深入交流。再见他，是在他的办公室。我们惊叹于这位 28 岁的 CEO，对互联网金融的认识和对联金所的掌控。

刘哲

从小额贷款做起

2012 年，民间短拆高利贷很火爆。彼时入行不久的他，跟随几位银行下海的高管，开始从事小额贷款行业。但是，他们并没有随大流。"在董事长李波先生的领导下，联金微贷成立之初就确定了小额分散、普惠金融的战略。单笔借款平均 4 万至 5 万，当时有不同的声音，因为这样盈利周期长、见效慢、管理难度大。也得益于发起大股东联合金融控股对管理团队的信赖坚持，提出了走小额分散、普惠金融的道路，建立一个有历史、可持续发展的品牌，今天看来是非常有远见的。"

联金所的初期目标是围绕小微金融，组建一支队伍、建立一套制度、建设一系列系统。当时其他小贷公司普遍认为做微贷是一件很苦的事情，俗称"金融民工"。时间转眼到了 2014 年，经济环境欠佳，民间负债、银行不良资产越来越多，因为项目比较大，风险集中，一些小贷公司坏账凸显，很多人慢慢转向做微贷。

而这个时候，联金所团队经过耐心打磨，自主开发的系统由人工逐步过渡到自动化。刘哲自豪地说："核心系统自主研发，我们按照银行级别完成了生产机房的建设，并在上海设立了科技灾备中心，现在有 200 多名风控人员全部围绕着这套系统工作，在传统信贷工厂的模式上加了很多科技，最流行的词是 fintech（金融科技），在这方面我们更有经验。做小单看似简单，如果形成规模是非常复杂的，我们会采集客户五个维度的信用相关数据。例如，个人信用数据、资产数据、社会关系、工作数据等。我们有 70 多项数据采集点，一单业务的金额无论 1 万也好、20 万也好，都会有相应资料的收集和校验的过程。把所有信贷审批的过程都切片化，专业的人做专业的事情，相应职位的人员工作更有效率，而且避免了道德风险。"

自主开发的系统的确比较管用，也很关键。其中的慧健评级系统可以把一些烂单提前过滤掉。联金微贷 4 年累计发放了 35 个亿的微贷，客户有 7 万个，刘哲说："为了更好地服务借款客户及投资人，我们关注到互联网金融这个新兴行业，用了半年左右的时间论证这个行业的合规性和前景，最终下决心成立前海联金所，恰恰是在 2013 年，这一年被誉为互联网金融元年。"

授命筹办联金所

2013 年，刘哲受股东的委托筹办联金所。联金所主要是服务线上投资人，作为一个新兴公司与联金微贷合作业务，审核通过的借款项目源源不断，给投资人提供安全高效的理财服务，满足不同人群的投资需求。

2013 年 11 月 1 日，联金所平台正式上线，截至目前注册人数 53 万人，给投资人带来近 8 000 万的利润，而投资人本息损失是零。

当问及为什么能够做到这一点时，刘哲说："投资人最满意的就是我们的安全性。我们的用户体验可能不是最好的，但是安全性对他们来说是很满意的，在出现风险的时候合作机构会先行垫付损失，所以在平台投资是较为放心的，这也得益于我们投资人的专业与理性。而且前海联金所在 2015 年 11 月正式变成上市公司旗下平台，在品牌和公信力上面获得投资人的信赖。"

联金所的推广拒绝烧钱，一直采用稳健的发展模式。刘哲坦言，联金所的规模没有像其他平台爆发式地增长，他们始终敬畏金融，金融企业应该稳步前进，而不应该单纯地爆发性增长。

目前，联金所是三家协会的副会长单位，这三家协会分别是广东互联网金融协会、深圳互联网金融协会和深圳金融外包服务协会。其中，外包协会的会员里传统金融机构比较多，包括中国人民银行清算总中心、各大券商，另外联金所也是广东省中国人民银行消保会的会员单位，加入的P2P企业凤毛麟角，这些社会职务也从侧面佐证行业对联金所比较认可。

产品的优势在于安全性

刘哲表示一路走来，是在摸索中前进。他说道："一是监管的不确定性，在金融创新方面则相对保守。二是在合规性上付出的成本相对比较高，很早取消自动投标，很早上线了分账系统。三是在营销获客方面，很多互联网金融背景的平台，会比较激进，我们与他们相比会比较弱势，相对保守一些。但是这样也有好处，我们持续在盈利，在做一家规模大和赚钱的企业之间，我们选择后者。"

联金所的投资人来自全国各地，以广东人居多。借款人则主要分布在东南沿海。

当问到联金所的产品优势体现在哪里时，刘哲很坦率地说："产品的优势和劣势都非常明显。优势在于产品的安全性，联金所的产品符合政策导向和监管要求。我们做的小微贷款，第一金额非常小，第二行业非常分散，第三地域非常分散。充分利用小额分散、大数法则的原理，做到风险可控。不会出现项目集中带来的经营风险。如果业务过于集中，出现风险后就可能需要很长的时间去消化利空，如果出现两个三个怎么办？但微金融这方面是有优势的，假如放款10亿元，笔均5万，我们服务2万个借款人，只要把风控持续严抓，可以发现风险并及时调整。"

对于产品的劣势，他说："因为我们标的期限金额小，期限长，投资人更喜欢短平快的项目。但是跟很多投资人面对面讲了这个模式以后，对方就会恍然大悟。流动性差了些，安全性比较高，小微贷款的理财产品就是这个样子。"

做好风控是关键

据了解，联金所全部的项目来自于联金微贷，主要是联金微贷通过信贷工厂的方式。在深圳车公庙的安华工业区，联金所有一整层2 000平方的场地用来做风控，采取了银行二道门管理，营销人员和风控人员的工牌也不一样，实现了前后台业务物理隔离。

联金所的科技系统是核心。刘哲表示："我们没有选择国外购买的系统，是因为那些系统是基于国外的信用环境，似乎不太'接地气'。我们斥资打造了自己的一系列系统，一是慧建系统，实际上是非常复杂的自动化审批系统，内嵌很多征信数据，其中包括中国人民银行征信。"

他接着介绍："另一个是 MISS 系统，四个主要的环节做风控，由资深的审核人员去工作。一是网查，包括法院、征信报告、行业信息、公司公开介绍。二是电核，至少提供六个人的联系方式，通过交叉验证的方式去确定他的社会关系，提供配偶、亲属、同事、朋友的联系方式，这样如果出现逾期不还款则有办法找到借款人。三是计算，客户的资产、银行流水、车房等情况进行计算，通过计算可以确定他的还款能力。四是总结审批环节，总结里边形成一个初步的数型报告，给审批的岗位去做决策报告。最后是放款和贷后的一些环节。"

虽然上述环节众多，但是联金所的审批可以在三天内完成。最快的"月光神器"产品只要30分钟。刘哲说："在投资人这端，发生损失时是由合作机构先行垫付代偿，保证投资人的体验，而且比率不到5%，我们网站把信息披露作为重点来做，有一个一级页面，专区就是做信息披露，股东、高管的信息，现在业务发展的信息，运营的报告每星期都会披露一次。"

联金所控股股东赫美集团财报显示，2016 年上半年，联金所集团实现净利润 4 004 万。

P2P 行业会变得更加健康

在过去的 3~5 年，互联网金融在全球范围内上演了一场盛宴。在中国，其火爆程度更是令人瞠目。有关资料显示，截至 2015 年底，中国互联网金融的市场规模达到 12 万~15 万亿元人民币，占 GDP 的近 20%，互联网金融用户人数超过 5 亿为世界第一。其中，P2P 网贷交易额（数千亿元人民币）为世界第一；第三方支付交易额（超过 10 万亿元人民币）亦为全球领先，远超 Paypal 等欧美领先者；理财领域以阿里的余额宝为代表，在短短两年内资产管理规模达到 7 000 亿元人民币，一跃成为全球第二大货币市场基金。

互联网金融作为新兴行业，经历了爆发式增长，在这一过程中，出现了很多问题。由于这个行业没有门槛，给一些骗子可乘之机，很多平台没有风控、科技能力，所以，在经营上会出现大大小小的问题。从 2016 年的 6 月份起，新增的平台数量远远低于退出的平台，很多问题平台在清盘，没有能力的平台在退出。

8 月 24 日，银监会等四部委发布《网络借贷信息中介机构业务活动管理暂行办法》（以下简称《暂行办法》）。

对此，刘哲分析，《暂行办法》更多地给大家引导了一个方向。一是 P2P 平台的性质定性了必须是信息中介；二是从事的业务，从早期的不限制到现在一定要专注小微贷款，普惠金融。P2P 在国外的发展也是个人对个人之间的一种借款，很少是个人对机构的。像个人对机构之间，假设机构融资额是 1 个亿，一个普通的投资人投资 5 万或者 10 万，那会有成百上千的投资人为一个项目去融资，那这时会牵扯到很多家庭，一个业务出现风险，社会不稳定因素就会倍增。所以 P2P 还是对等个体之间的借贷，个人和个人之间强调匹配。如果不匹配，一个是不稳定因素增加，另一个是融资效率会降低。

按照监管的思维，对 P2P 行业的理解还是做小额客户，做好传统金融机构的补充。对于影响方面，现在很多同行还是做大额业务，需要一定时间去转型，或者在监管上会有更明确的指导或帮助的意见出来，现在基本上能确定，监管对 P2P 行业业务金额的限定。

对于政策的理解，刘哲表示，监管在一定意义上可能希望通过政策的收紧，希望太过超前、太过注重规模的企业缓一缓步子。现在发布的暂行办法给了平台一定的时间窗口，一是监管可能会提出更多细致的要求，二是给平台足够的时间来调整自己的业务。

"监管到来以后，平台会主动调整业务，业务规范的平台可以拓展客户，业务发展方面更快一些，之前联金所的产品相比短期大额的产品，优势发展不出来，现在监管出来后，未来行业投资人会看业务本身的模式和收益情况，对于我们还是练好内功，跟着政策走。"

刘哲相信，未来这个行业会变得健康、理性，会重塑 P2P 行业的名声。任何国家的金融都是管控的，优秀的平台会在监管的指导下凸显出来。

共享经济的方式发展业务

联金所成立以来高管团队比较稳定，执行董事叶文原来是集团的 CIO，首席财务官汪礼光是会计师事务所出身，首席市场官张小江有六年的银行财富管理经验。首席技术官赵永有十二年的互联网及软件咨询、设计和管理从业经历。

对于联金所和联金微贷的关系，刘哲说："两者是兄弟公司，共同控股股东都是赫美集团，控股比例同为51%。两家公司的业务是互补的。"

在企业文化建设方面，公司每个月有很多活动，诸如员工培训、关爱活动、生日会、户外爬山等。

对公司下一步的发展，刘哲表示，联金所在资产端，以消费分期、供应链为主，去做业务的拓展和延伸，因为这方面风险更加可控，符合政策。在投资端，还是按照稳步发展的模式去提供安全金融产品，拓展市场份额，稳健发展。在网贷之家最新的一期排名里，联金所位列32位。未来，希望在全国的影响力方面、行业合作方面做更多的事情，以共享经济的思维去发展业务。一是在信息合作方面，在借款人的行为数据、消费习惯方面着手合作。二是向用户提供借款及理财服务方面，与更多的互联网企业进行合作。另外，配合服务赫美集团的大消费战略，比如为建设生态城镇配套、扶植农村创业项目、短期融资项目。

关于公司股东赫美集团，刘哲介绍，经过前期布局，赫美集团成功形成了赫美旅业、赫美商业、每克拉美、欧祺亚、联金所、浩美资产管理、惠州浩宁达、博磊达新能源等产业拼图；赫美旅业、赫美商业及金融等板块的提前布局为集团生态品质的消费产业打下牢固的根基。根据"十三五规划"关于加快推进消费升级的政策以及在2020年建设1 000个特色小镇的规划，赫美集团以此为契机，充分发掘中国五千年历史文化内在价值，将文化根植到设计和产品中。凭借优秀的品牌运营能力，完善的生产制造能力和全面的金融服务能力，切实推动和促进中国消费产业升级，打造生态型消费全产业平台。让乡村更美丽，让乡村年轻人都愿意回家乡发展事业。这次联金所高管去美国的目的一是旅游，二是考察，我们与美国的差距并不是在一线城市上，深圳并不输于美国的华盛顿、纽约这样的大城市。但是我们的农村，比起美国真的是天壤之别。像美国的一些小城镇，都会有很多健全的基础设施、品牌店铺、高端消费的地方。对比我们的农村，虽然路大多数通了，但是会发现，一是基础设施匮乏，二是没有品质酒店、品质餐饮。

刘哲分析：现在很多年轻人不愿意待在农村，因为那里无法提供就业。有消费能力的人也找不到消费的地方，外地游客到农村看看风景，没有东西可买也没有地方吃饭。所以，我们未来想在农村发力。

对个人投资者的建议

最后，联金所 CEO 刘哲对个人投资者给出了以下建议：

一是看背景和实力。上市公司和国企背景，他们的违约成本高。

二是看项目。被包装成看不懂的项目可能有问题，信息披露一定要全面，看得清关系，商业模式合理。

三是经营情况。平台经营的方向是稳步发展还是突然猛增，所选择的行业、客户是否符合逻辑，风控实力究竟如何。

四是技术能力。例如黑客要挟、网站崩溃，都是因为平台没有很好的技术能力。有没有做安全认证、加密处理，机房是租用还是自建，都可以从网站的信息披露中看到。

此外，有些平台常常以高息揽存的形式，给投资人制造高收益、短期限的噱头，甚至有天标、秒杀标等。同时，对公司的包装宣传有很多虚假、夸大成分，比如出现国家兜底、行业兜底等字眼。在这类平台信息披露方面则往往会口径不统一、前后不一致，坚决不能碰。

（本文作者：戴刚勇；采写时间：2016 年 8 月）

高搜易 CEO 陈康：在情怀与事业间寻找平衡

高搜易 CEO 陈康，农村出身，当过搬运工，人大财务管理本科毕业，北大金融学硕士，在知名信托公司有四年的工作经历，出来创业开面包店，后来转身做互联网金融……谈笑间，那些创业经历的往事好像云淡风轻，其实每一步发展都不太容易。我们来看看他的创业经历。

人大学霸转身卖面包，经历创业迷茫期

中国人民大学商学院财务管理专业毕业，大学期间就通过了注册会计师考试，你能够想象在信托、财富管理行业里做了八年后，转身去卖面包吗？

陈康

这是高搜易 CEO 陈康的创业故事。他说，那个时候行业发展比较混乱，在"刚性兑付"的市场环境下，发现专业没有价值，只有胆大才有价值。野路子的基金公司发展比较快，导致真正专业的人没法干活，形成了"劣币驱逐良币"的局面，整个行业泥沙俱下，遇到了拐点。

2013 年，整个信托、资管行业出现了一个坏账潮，存在兑付、跑路等问题。在这个背景下，陈康选择了暂时离开信托行业。"但是我们不甘心，这是我们的阵地。我们想让胆大妄为者受到惩罚。但是，这是一件很难的事情。"

从投资的角度看，老百姓投资看的就是包装，陈康这个时候想到通过互联网、大数据来重塑规则。

他说，最初的想法比较朦胧，想做金融领域里的大众点评或者天猫。"所以高搜易的名字里有一个'搜'字，我们一开始做金融产品垂直搜索

引擎起家，就是把所有金融机构的产品放在平台里进行展示，进行点评，帮助客户更好地甄别产品、甄别机构，不至于上当受骗。"陈康的团队把这个产品做出来的时候，有人告诉他，这个就是互联网金融。在不经意间，高搜易赶上了2013年互联网金融元年的尾巴。

传统的商业模式已经救不了财富管理，陈康希望借助互联网的模式来重塑规则。高搜易初创期打出的旗号是重塑金融生态。陈康表示，当时看来，这只是一句有去无回的豪言壮语，因为生态不是几个人能够搞得定的。而当时，陈康他们几个人已经开始卖面包了。"也没啥可失去的，那就挽起袖子开干吧。"陈康如是说。

当时，陈康几个人合伙开起了新加坡妈妈烤包面包店。目前，在国内有50多家分店。以广东区域为主，涵盖了成都、北京、长沙等城市。他说，现在是交给一个合伙人在打理。

陈康表示："我们还是想重塑金融生态，改变行业的规则，让专业的人得到认可，让不专业的人离场。这是我们的情怀。"

靠业内口碑赢得第一桶金

高搜易初创期的团队只有四个人。刚开始是靠朋友圈来运作的。陈康说："我们很快建立了一个圈子，按照会员收费。每个会员20万，认可我们理念的入场，进来之后通过公司体系搭建、产品设计、员工培训、组织架构的优化、产品路演等，让他们真正得到客户的认可。一开始服务十几个对象，这样，我们赢得了第一桶金。这种模式一直走到2014年8月份。"

在创业期，在客户积累方面，高搜易服务对象比较少，都是陈康前期在圈子里积累的人脉过来捧场，也是基于一种重塑金融生态的情怀。那个时候，高搜易通过密集地搞沙龙活动，聚拢人气，赢得了圈内人的认可。

陈康说，但是情怀归情怀，事业归事业，这种模式很难持续扩张的，因为它没有形成一个线上交易的闭环。

后来，高搜易遇到了问题。除了前期十几家客户，把钱交了，后面的会员都不愿意交易。整个中国的财富管理行业，起步比较晚，到现在不是很成熟。而成熟的市场是向买方收费的。

陈康表示："我们的起点比较高，都是100万起步的高净值客户。100万起步的产品，大多是私募，不管信托、资管、还是基金，都是私募性质的，不能在网上推广，只能定向进行推介。我们在线上用APP，注册会员才能查询产品信息，回避了网上公开宣传性质。客户通过线上预约，线下成交，跳单非常严重。我们后来发现，很多交易流水，都没办法证明是在我们这里成交的。"

"免费的时候，都承认是在我们这里成交的。一旦说要收费的时候，就不承认了。"陈康如是说。

苦心经营终拿天使投资

在创业前期，高搜易打造了品牌和在圈子的影响力。"后来，我们拿到了天使轮投资。"陈康表示，"虽然投资方不太认可我们这种模式，但是非常认可我们的团队"。

2014 年 8 月，第一轮创东方投了几百万，并承诺后期追加投资 3 000 万。附加条件是：资金进来以后，高搜易必须形成线上交易模式的闭环。

在盈利模式转变方面，高搜易开始降低门槛，从高净值客户转战到互联网客户；从信托发行市场转战二手市场。具体做法是将高净值客户的流动性需求和互联网小客户的理财需求进行结合。结合的模式就是让信托收益权的持有人，来对接想买又买不起信托产品的人。

信托产品具有收益高、安全性高，但是门槛高、流动性差的特点。陈康说："高净值客户将信托收益权质押给我们平台，我们平台给一个授信的额度。举个例子，假如一个客户买了 5 000 万的信托，将信托收益权质押给高搜易，高搜易给 3 000 万的授信额度，允许他们向我们小客户借钱，单笔可能 5 000 块，10 000 块不等。"

记者问到，这个和伞形信托有什么区别时，陈康说，有根本性区别，信托不能拆分，也不能集资买，但是可以质押融资。所以，这个模式叫信托宝。这个产品在 2014 年 11 月 25 日上线后，解决了信托行业的流动性问题。产品普通老百姓可以买，让普通人享受到了信托的收益和安全性。

这种模式解决了行业的痛点，高搜易做了一个上线仪式，发了几篇文章，两天内阅读量破了千万。这个问题一解决，高搜易的价值一下子凸显起来了，后来又进行了三轮融资。

陈康坦言，业内关注的信托宝这个产品，是逼出来的。"既要解决流动性，又不能违背法律法规。也算是阴差阳错吧。那个时候，我们不知道互联网金融。后来媒体把我们贴上互联网信托的标签。我们自己也没有想到，于是，我们成了行业内首家做互联网信托的公司。"

一开始，高搜易很难取得小额客户信任，反而是取得信托行业投资者的信任。陈康说："比如一个客户有100万，他虽然可以直接买信托。但2013年，因为有部分违约事件，信托投资者意识到要分散投资，于是借助我们的信托宝将100万分散配置到不同的信托产品里，我们一开始更多的是信托投资者。后来，在随着我们一轮一轮的融资，和余额宝的收益降低以及P2P问题频繁的背景下，吸引了越来越多的投资者。我们当时根本没法和P2P竞争。那个时候P2P有15%的收益，我们只有8%～10%。虽然我们的收益比他们低，但是安全性高。"

随着P2P大量整顿之后，整个行业的收益都在下降，但是投资者已经形成习惯了，让他们离开这个行业很难，不过他们会挑选靠谱的平台。其他平台的客户在不断地流失，而高搜易有双国资背景和青岛海尔投资，客户量在不断增长。

陈康说，要感谢这一轮的整顿。

专业呈现价值，逆市拿风投

当很多平台在追逐高收益的时候，高搜易在寻求规范。有些平台为了迎合客户，不惜踩法律的红线，而高搜易团队一直坚持在法律框架内做金融创新。越来越多人意识到，胆大妄为者最终是要付出代价的。

陈康表示，最好的风控是挑选交易对手。在这里，我有一个不太成熟的理论：老二理论。其实在我们这种平台，永远只有三方。买方、卖方、平台。平台只当老二。要么买方特别强大，要么卖方特别强大。假如我们把资金拥有者定义为卖方，他卖的是资金使用权。把融资方定位为买方，他买的是资金使用权。你看，我们的发标人就那么几个，我要求一定是金融机构、资产管理公司，管理的资金规模必须超过50个亿。这样的机构才有资格在我们的平台上成为发标人。当我的卖方弱小的时候，则要求买方强大。反过来，当我们卖方强大的时候，我们允许买方弱小一些。比如说有很多国企，委托我们来理财。卖方就是国企，机构投资者是有风险辨别能力的，这时我们允许买方弱小一点。这时候我们可以挑选一些供应链资产、分期资产。他们的资产比较弱，但是他们基于一些模型、大数据可以把风险控制在一定水平。比如，一些做消费金融的，我们可以推荐机构投资者认购其资产，我们可以发ABS，可以做资产支持证券。我们可以做撮合交易。

互联网金融平台，从本质来讲，就是聚集散客。而散客对平台的要求是：安全、收益高、流动性好、门槛低。至于风险，散客一般不会去关注。陈康说："这就要求我们平台必须为他们把好关。所以我们要求买方的背景很强大。按照这个原则做事情，我们的平台还是很安全的。"

在企业发展过程中，高搜易也遇到了各种各样的困难。

高搜易的第一个困难就是搜索引擎模式没人买单。而恰好这个时候遇到了风险投资，支持企业转型。

第二个困难是做流量。陈康说："但是流氓太多。我们后来做了事件营销、社群营销，但是效果不怎么理想，遇到薅羊毛、淘金客。最终我们把精力集中在产品研发上。但是事件营销我们还是做了一些好玩的案子，比如请张靓颖做了一些活动。一直到第四轮融资后，在今年7月份我们才做了一些大的广告投放。高搜易走得比较慢，我们坚持自己的原则，代价是发展严重受阻，这样注定我们成为一个小而美的公司。"

陈康表示，幸运的是，现在市场不是拼交易量，而是比谁还活着，谁就牛逼，所谓"剩者为王"。"我们发现，不管我们错过多少机会，但是我们活下来了，而且风投还愿意投我们。而当时那些昙花一现的公司成了历史的一个缩影。"

"现在互联网理财市场才是一个真正的开始。当别人说市场面临寒冬的时候，我们高搜易逆市拿风投。"陈康对互联网理财市场的发展显得自信满满。

陈康的发展快慢观

互联网的发展日新月异，而互联网金融在近年来赢得了一个爆发式增长。陈康表示，互联网行业是唯快不破的。但是互联网金融不是互联网行业，它是金融。金融行业如果发展太快了，必死无疑。

他说，金融玩的是风控。金融行业的收益是当期的，但是风险是滞后的。你永远没办法证明你比别人更专业，直到兑付的时候。在发行的时候你没办法证明。所谓柠檬市场，即在"刚性兑付"的市场，专业的价值很难凸显。只有带着客户，走到头拿到本息，那个时候才能证明专业。所以跑得快的人借助这一点，拍着胸脯，让老百姓相信自己专业就行了，但是最后产品是要到期的，要向客户交代的。跑得快的人可能在前期只注重规模，而我们是清算了一支又一支基金。每兑付一支基金，我们的口碑又多了一分。在用户复投的时候，这才是我们的用户。第一次投资那些叫羊毛。一个产品一个产品去沉淀，才会越来越好。

从行业来看，很多大的公司的用户不是很多。目前国内比较大的财富管理公司诺亚财富，管理规模 3 000 亿，但是它的用户也就 8 万多。

而针对市场的一些乱象，陈康表示，存在就是合理的。他说，要感谢他们，没有他们，老百姓得不到教训，这个市场不可能前进。老百姓不是教育出来的，而是被教训出来的。你在谋求高收益的时候，人家看着你的本金。中国市场成熟的投资者是哪些，股民。股民比喻成什么，韭菜，割了一茬又一茬，而且愿赌服输。

"当然，这个市场是要付出代价的，有人要交学费的，投资需要买教训。任何行业的发展都是这么过来的。"

对公司未来的发展规划，陈康表示，高搜易的发展就不能像创业初期那么随心了。他说："我们计划一个板块在今年上新三板。这样也是对我们的股东一个交代。新一轮的融资进来以后，高搜易和互联网金融的关系慢慢就不大了。"

未来，高搜易的业务将分为四个板块：资产管理、网络科技、财富云、掌富宝，即一个金融板块 + 三个科技板块。其中，资产管理负责整个集团的金融产品定制。网络科技是整个集团的信息集成提供方，我们进行技术研发输出，还可以提供孵化器和加速器。财富云是以加盟、收购、合资的模式，对整个财富管理行业进行统一的品牌输出、产品输出、风控输出、系统输出、结算输出，同时我们还引进风投参股、合作，来打通财富管理行业的信息通道，解决当前行业信息孤岛现象严重的问题。掌富宝做滴滴理财模式，是要上新三板的，是高搜易的核心板块。当前财富管理行业还是"卖产品"模式，这是很不健康的。高搜易要推买方付费模式，这是一个全新的模式，是颠覆性的。从业人员与财富管理公司从雇佣关系变成独立理财师模式。

"财富云和网络科技也会陆续上新三板，这四个板块共同构成高搜易集团。这样，高搜易就慢慢淡化互联网金融属性，走向科技金融领域了。以后，高搜易将成为一家国内知名的科技金融企业。"陈康对未来公司的发展显得信心十足。

对个人投资理财的建议

在互联网时代，投资理财变得多样化。对于个人理财，陈康给出了以下建议：

第一，不要贪。心态要摆正。收益超过18%的平台不要碰。

第二，选股东。选经营年限，选底层资产，选比较稳定的团队。这个行业还有大量的平台要倒闭。这个行业的淘汰率一定会高于95%。信托行业从1978—2007年的淘汰率是96%，信托是属于国有金融机构的。而P2P平台，没爹没娘没政策没监管，淘汰率为什么会是30%，为什么不是50%，为什么不是99%，大胆地去猜测，这个行业淘汰率一定会超过95%。要认识到足够风险，尽量挑靠谱的平台。所以，投资者一定要做好踩雷的准备。但是不要怕风险，要去经营风险，做投资都是有风险的。假如这个行业的违约率是5%，只要你的收益能覆盖5%＋的资金成本，那你就可以大胆地去投资。

第三，选一个模型，降低违约率。假如行业的违约率是5%，而我们专业的投资者，通过认真甄别，只有1%的违约率，那我们就是挣的。假如你怕风险，你就把钱存银行，但是目前存银行也是有风险的。

（本文作者：戴刚勇；采写时间：2016年8月）

私房钱 CEO 许四孟：
从 IT、外贸跨界金融的创业"分裂者"

核心提示

2014 年 9 月，私房钱正式上线，目前累计交易额 1.81 亿元，主要产品为企业经营贷、车辆抵押贷、房产抵押贷等，平台平均年化收益 13.8%，作风稳健。作为从 IT、外贸到跨界金融的创业者，私房钱创始人许四孟有什么不一样的想法？私房钱又有什么不一样的风控思路？

见证家族企业从小小的工厂到上市的成长过程，让许四孟深谙风控与品牌的重要性。当然，在他十多年的创业历程中，还有一点是不能抹去的，就是实业家的务实。正是这三个重要的因素和秉性，帮助他在遭受洗牌的 P2P 领域站稳脚跟。

许四孟

许四孟的家族常年从事于雨伞设计研发、生产贸易与市场销售的梅花伞业。不过，他对于继续深耕雨伞行业并没有太大热忱。所以，即使大学期间会在家里的企业帮忙，在毕业后，他也没有立即回归家族企业，反倒是从此开启了一段连续的、跨领域的"分裂式"创业。

之所以将其定义为"分裂"，是因为其创业所跨越的领域如此之多，涉及 IT、外贸、男装、母婴用品等，最终到金融。按照一般人的精力或思维（压力）张力来评估，应当早已"分裂"。不过，仔细剖析，确实能够探究他在这些创业项目中的商业逻辑。

寻迹许四孟的创业历程，可以挖掘出他身上的三点创业特质：务实、品牌与风控。

"分裂式"的连续创业

2004 年，大学毕业后的许四孟和朋友合办过工作室，进行软件开发。工作室解散后，他进入一家日本跨国企业，成了一名程序员。2006 年，许四孟辞职回到家族企业中的外贸公司帮忙，很快，生意在他手上渐成规模。

正当事业步入轨道的时候，许四孟做了一个决定：将外贸公司交给合伙人打理，自己再次踏上创业之路。

不安分的创业之心依然跳动，2009 年，许四孟的又一次创业开始，这次他选择了包袋代工，从外销入手很快积累到第一桶金。

"在厦门设立外贸公司的时候，一开始便对接阿里巴巴、慧聪等诸多跨境贸易平台，基于对节能灯出口的判断和身边相关供应链的资源，我们便将其定为重要的方向，"许四孟说，"但我们依然采用品牌策略，包装独立的品牌，从 logo 到包装，甚至延展到文化理念，拓开了不错的销路。"

他们在包袋上也做类似的延伸，壳牌和美孚都找他们定制加工。但这种外贸业务模式，虽然加上了品牌运作，但与传统加工厂套路并无二致，依然沿袭业务对接，到工厂打样，再到订单获取后，到工厂下单，最终再走向反复被催单、质管客户服务以及收款问题等。在许四孟看来，这样的模式不仅累赘，而且一直在做"周期循环"。

基于上述认识，许四孟对接下来的创业路径，有了更好的聚焦：品牌化、轻量化、优势集中化。

"即使以代工为主，我们也提供包袋的设计，但始终是处于被动一方，附加值低。"包袋代工期间，许四孟就计划打造自己的品牌，"当时看中男装市场，但在考察中发现：相关资源、服装设计、供应链以及资金库存等一系列问题我们都无法攻克。"

在考察了近半年时间的男装潮品项目后，许四孟基于供应链优势缺失（福建大多为成熟男性服装链条）、产品特性（深度定制的柔性生产难以实现，将导致库存成本过高）和品牌的包装（调性把控），以及分发渠道（线上难以成为品牌，线下的布局延伸，才能在空间、服务、感官以及包装等层面上立体式地支撑起品牌价值）等诸多维度的判断，决定暂停男装项目。

精准分析男装市场后的许四孟立即做出决定：不再以男装为自己打造

品牌的方向，而是以他们在考察男装市场过程中发现的新的空白市场——婴儿背带作为突破口。

市场的判断、SWOT 分析、品牌的定义以及轻量运作模式，基本构成许四孟的商业逻辑。

"背带是一个小品类但仍有较大的市场需求空间，国内虽然也有几家生产商，但他们的品牌沉淀弱，如果能用心做出自己的品牌，市场前景很大。"经过半年摸索，2013 年许四孟创建了自己的品牌——Ubela 优贝母婴。

Ubela 优贝母婴的运作逐渐上了轨道，许四孟又做了一个决定，将优贝母婴的管理交给了自己的合伙人打理，自己只给予团队在公司战略上的指引，不再参与具体事务指导。

"简单快乐" 的金融链布局

把 Ubela 优贝母婴交给合伙人的许四孟，又一次开始创业。这次他将创业触角伸向金融行业。他说："在接触家族企业金融业务时发现，中产阶级群体的投资渠道其实是非常缺乏的，手中富余的资产没能给他们带来额外收益。"

看中金融市场这一空白点的许四孟，通过各种渠道学习与考察这个行业，并在 2014 年 9 月正式创立网贷平台私房钱。

在某种意义上说，"简单快乐" 阐述的是许四孟创办私房钱的品牌主张。通过流程简化、风控极致以及操作透明的模式，给予消费者零门槛的参与，即是最好的用户体验，反哺给私房钱的，则是源源不断的正向口碑和用户基数，以及大量的资金流转。

回归到他创办私房钱的初衷，他从诸多民间的借贷纠结以及过窄的投资通道中发现，国人特别是中产阶级的投资渠道十分匮乏。

"成立之初，私房钱的定位就是线上理财机构，通过产品的设定，帮助投资人找到风险与收益的最佳平衡，"许四孟说，"为了加速模式的成熟度，我们与小贷公司合作，并坚持严谨的风控流程，进而将优质的项目资源供给投资人，保证其投资收益"。

许四孟的平台运维思路，与主流的 P2P 烧钱推广不同。

其一，他更倾向于用品牌运维带来的口碑进行用户驱动。某种意义上，这也减轻了私房钱的运维成本，如客服数量的控制。

"只有符合商业本质的运维，才不是耍流氓，"许四孟分析说，"尽管烧钱模式容易带来巨大的客户，但实际上，优质的资源或项目其实是有限的，只有通过合理的风险评估和调控，梳理出缜密的流程逻辑，才能为客户提供更好的服务。毕竟，任何金融产品所操作的都是现金，这直接关乎用户的利益"。

其二，他通过产品设计（定位与角色分工），保证了私房钱的"兜底能力"，私房钱对抵押物的要求十分严格。

"比如出现坏账，则由平台合作方——梅花集团旗下的资产管理公司接手处置。由于放款前，抵押的资产已过户到公司指定人名下，故资产处置效率很高。另外，平台给投资人的年化率在 12% ~ 15% 之间，加之平台的服务费，给借款人的利率相对合理，这时候履约比违约的成本要低得多，这也就控制了平台的风险。"许四孟分析称。

其三，依据自身的优势和判断，它依然会将私房钱的触角延伸到包括债权、股权（成立发起投资基金）甚至一级、一级半的金融服务链条中去。许四孟说："捋清自己在金融链条上的位置和角色，不过分地承担风险或冒进，即可很好地进行渗透。"

通过务实的"品牌 + 风控"运维，私房钱取得阶段性成功，2015 年10 月份，私房钱引入有国资背景的豪康金控 Pre - A 轮融资，共享其金融全牌照后，私房钱可谓发展迅猛，成为福建省最大的互联网理财平台，也是福建首家国资背景互联网理财平台。

"私房钱专注互联网金融一年多，平台利率 12% ~ 18%，属于行业中高水平；诚信经营主抓风控，构建了五重安全保障。在 2016 年，我们将有更多专业机构加盟，并计划战略投资一家征信机构公司，作为平台的征信补充。这些措施都是为了投资人的资金安全，我们希望将安全理财植入投资人心中，优化中产阶级的理财方式。"许四孟说："我们这一切的努力，就是为了让投资能成为一件简单快乐的事情。"

（本文作者：陈景清、柯雅雅；采写时间：2016 年 3 月）

理财范 CEO 申磊：泡沫在消退，但千亿级企业一定会诞生

人物简介

申磊，知名 P2P 平台理财范创始合伙人兼 CEO，清华大学博士，多年创业经历，使其对互联网行业及公司运作具有深刻的理解和丰富的经验。

企业简介

理财范是于 2014 年 3 月份上线的互联网理财平台，提供多种理财投资项目，帮助用户实现财富增长。

核心提示

"其实一个行业越是鱼龙混杂，机会也就越大，我们现在也是在赌未来。在互联网金融这个行业里，千亿级别的企业一定会诞生。"

理财范的 Logo 是一只鹿。"古代有一个词叫'六合同春'，其实也是'鹿鹤同春'，代表着春意盎然、天下大一统。这其实也是寄予了我们对理财范的期望。"问及此，申磊的学霸本性展露无遗。

申磊

生性"不安分"的他没有在科研的道路上走下去，而是选择搭上了互联网金融的末班车。从产品创新到平台转型，在大呼经济形势不好，融资市场"从来没有这么冷过"的同时，他也表示不会惧怕与任何对手竞争。

工科学霸做金融，踏上 P2P 创业尾班车

问：身为一个工科学霸，您为什么会选择互联网金融呢？

申磊（以下简称"申"）：一方面，我是水瓶座，对这个世界充满着好

奇，对一些新鲜的事会充满兴趣。我本身就是一个不安分的人，这在我读博士期间感受特别强烈。我就喜欢跑出去玩，总想做点自己的事情，总觉得时间一闲下来心里就很慌，情不自禁地想把我的时间填满。

另一方面，这是对自我的一个定位。我的一个阶段性理想是成为一名优秀的企业家。而想要做成一个优秀的企业，首先就是要选择一个正确的方向，同时要有一帮愿意跟你一起打江山的弟兄，还要有一些外部的资源。

而我选择互联网金融，也是基于过去一年半的创业经验中的一些思考。如果说"师兄帮帮忙"（申磊第一个创业项目）是一个冲动的选择，那么互联网金融就是一个非常理智的选择。我觉得这是一个最好的方向，也是一个最好的机会。对于一个创业者来说，我觉得选择一个好的时机比努力更重要，就像是我们以前说的，方向比努力更重要，创业绝对是这样的。

问：为什么会说互联网金融是一个"离现实更近"的行业？

申：坦白讲，当时做"师兄帮帮忙"的时候我们是非常有情怀的一个团队，一直在谈理想，说我们一起来改变这个世界，我们要改变校园，我们要颠覆人人网，我们要改变大家的校园生活。所以那时候对于我们来说情怀远远高于利益。就像有人说过，大家也不用赚钱，就烧吧，烧出用户来自然而然就会有钱。我们也深信不疑，而且当时也赚不着钱，就烧吧，先做事。

当你是顺境的时候这套模式可能会发展得很快，但是经济形势在变化，当你发现自己没有赚钱，账上的资金一直在减少，就很难再去做一些正确的判断。

为什么说互联网金融是很现实的呢？第一，金融嘛，离钱是很近的。第二，这家企业一开始，我们就给它定位成一家上市公司，我的诉求就是对成功的渴望，敲钟的那一下，其实就是一个阶段性成功。现实的意义就是先让大家赚到钱，一帮弟兄义无反顾地去追求同一个目标，让大家赚到钱是最基本的，然后是实现公司的利润，企业才有续航能力。在这个过程中我们再一步步攀高到一些情怀、理想的东西，是更合理的。现在的理财范一手抓务实，一手抓情怀，两手都要抓。

问：什么样的契机创办了理财范？

申：在我进入 P2P 行业的时候（2014 年 3 月），大概只有 500 家平台吧，可能还不到。我们评估了我们的用户规模、市场的大小、其他平台的发展状态之后做出了判断，当时觉得在这个行业创业还算是踏上了尾班车，还有机会。

目前我们微微盈利，但不会羡慕规模大的平台

问：那上市是个阶段性目标，您认为互联网金融行业未来的发展会怎样？

申：上市目前来说在中国市场还比较困难，但一个行业越是鱼龙混杂，机会也就越大，我们现在也是在赌未来。我觉得在互联网金融这个行业里，千亿级别的企业是会诞生的。

互联网金融未来能够成为什么样的一个最终形态？我们在战略层面上如何规划？理财范另外一个合伙人叶映辉，其实很早之前就对这些有了一定的看法。我们在战略层面上是不输对手的，所以只要集中火力在目前落后的效率方面赶上对手，当我们的体量达到一定级别的时候，我们战略的价值就会发挥出来了。

我们现在是微微盈利，今年差不多会有几百万的利润，所以我们其实不觉得某些规模比我们大的平台有多牛，也从来不会对规模感到彷徨或者羡慕，但会尊重对手优秀的团队。

我觉得理财范现在是一个比较舒适的状态，规模不是那么庞大，账上现金却不少，我们的现金流控制得特别好，我们的续航能力绝对比80%以上的平台都要强，可以静观其变，不管外面是不是一片血海，都可以活得淡定。

但忧患意识还是得有，不能说我们现在状态还不错，就止步不前，只去观察，不去进步、不去创新。

"草根金融"也要做高大上的事，我们不惧怕竞争

问：之前您撰文提到理财范正在做一些创新，方便透露下是哪些方面吗？

申：现在中国的市场主要是债权市场，但是债权和宏观经济紧密相关，前几年地产比较火爆，资产和资金都往那边流入，现在实体经济不太行了，纯做企业类的债权肯定是有很高的风险，我们在年初就做出了第一步的战略调整，方向上调整到零售金融、消费金融，无论经济形势怎么变，这一方面的需求和风险相对来说都是比较稳健的。

目前我们担保的项目以每年20%的速度递减，这是个看天吃饭的事

情，经济形势不好也会受影响，我们也会担心。

另外从发展和创新的角度上讲，现在市场是以股权主导，因为企业借不到钱，那他就要换一种方式拿钱，就是股权融资，去新三板，去拿私募或者 PE 的钱，这样出来的企业质量是有保障的，品质肯定远远高于过去，所以我们会在权益类的产品上面跟互联网金融做结合。

因为叶映辉干了很多年投行，我们的很多人脉关系主要在"高大上金融"。都说互联网金融是"草根金融"，天天"弯着屁股捡钢镚儿"是非常艰苦又很 low 的事情，但是我们又有一个非常豪华的团队，高大上的金融我们也能干，有蛮多资源可以借力的，所以很多包括新三板的、A 股的、定增的等，我们都会去参与。

我们在产品方面会大迭代一番，同时面对的人群也特别广，尤其是 80 后、90 后这部分人群，我们会下一番功夫。要经过一定的论证，比如目标人群的接受度、定位、偏好，品牌传递的价值、提供什么样的服务，不仅是投钱换收益，在互联网端会有更多的创新。

问：未来考虑做那种现在很火的"一站式理财"平台吗？

申：会的。现在我们就是在丰富产品，让用户进行资产配置，给他们合理的收益。我们已经在改版了，已经在做这方面工作了。我们认为这是未来发展的必经之路。

现在是有两套工具，比如互联网端的活期的、浮动的、定存的，资产端的企业债、汽车、权益、量化等。部署完之后一综合，就开始玩资产配置了。根据不同用户的属性提供不同的产品，这样才玩得转。

如果很多人都做"一站式理财平台"的话，那就竞争呗，比谁成本低、资产优质、步伐更快，反正我们从来不惧怕竞争。

问：有人说 P2P 在资产端拼不过传统金融，理财端拼不过 JAT 那些大巨头，您对行业乐观么？

申：金融绝对不是一个一家通吃的领域。以消费金融为例，京东白条更多是与电商客户的对接；而趣分期覆盖的则是校园学生市场等。消费金融还有更多的细分领域，比如家装、美容、教育等。互联网金融还有更多更大的可开拓市场，就看谁在细分领域做得好。

金融天然就有很多不一样的色彩。比如大流量的平台做的互金平台肯定是流量主导的，传统金融机构的形态也不一样，我们这种民营系的，肯定是要走那种小而美的特色业务。

如果拼流量的话，简直就是在飞蛾扑火，所以我们一直在寻找一种差异化的模式。

资本热潮已过，行业正逐渐消灭泡沫

问：目前市场上风头渐冷，许多资本方都不再加码 P2P 平台，您怎么看待"资本寒冬"的情况？

申：一个从事风投的朋友说，从 VC 进入中国资本市场以来的这 15 年，从来没有这么冷过。互联网金融资本狂热的阶段已经过去，是到了开始消灭泡沫的时间。二级市场很久都没有能够对一级市场有这么大的牵动了，股票的大跌确实影响很大。

另外互联网金融，包括 O2O 虽然仍是时下热门，但经过了两年的发展，资本狂热的阶段也已经过去，VC 也已经没有那么好骗了，选择项目会更加谨慎，之前认为可投的项目会再三思虑，之前认为没那么好的项目，就一下子拍死了，行业也是到了开始消灭泡沫的时候。两个因素加在一起，造成了这样一个现象。

虽然市场情况比较艰难，但是，不融资是不可能的，是不现实的，因为互联网的发展肯定是要依靠资本的力量去推动，否则的话你光是赔钱，直到账上没钱，那不是作死嘛。

问：理财范去年 6 月份 A 轮融资，今年 6 月份 B 轮融资，现在是否在进行 C 轮融资，您觉得难度大么？

申：理财范现在刚刚启动 C 轮，目前正准备上线两款产品，也是为体量增上的要求做很多准备，体量上肯定还是要再上一个台阶的。机会还是很多的，明年上半年应该差不多就会宣布。

问：在理财范以前融资过程中，您有什么比较难忘的经历吗？

申：我们 B 轮融资的时候在一个朋友的聚会上认识投资人，聊完就觉得特别好，当时就想投。但当时我们几个（合伙人）觉得，从来没拿过这种钱，拿别人的钱就觉得有压力、有障碍、有包袱，还得稀释股权，内心当中有点迈不过这个坎儿。到了上半年各家都在融资，我们充分感觉到没有钱，要去快速打流量、做资产会有很大的阻力。同时 VC 的背书也很重要，必须得找第三方来认可你用户才觉得放心。

P2P 收益率肯定会慢慢下降，高出银行 3～4 个点会比较"普惠"

问：从投资者的角度出发，您觉得 P2P 的收益率多少合适？理财范会下调利率吗？

申：下调收益率是一个系统的工作，要经过一定的论证，比如目标人群的接受度、定位、偏好，品牌传递的价值、提供什么样的服务，不仅是投钱换收益，在互联网端也要有更多的创新。现在的互联网金融投资人已经经过了多家平台的轮番教育，比较成熟了。现在用户考察得特别深入、仔细，合作伙伴都会查工商注册信息、办公地址、注册地址等。我们现在也会办很多线下见面会，他们问的都很多，主要还是安全方面的，怎么做风控呀，未来怎么发展呀。

整个人群也就三四百万，你面对两三亿互联网用户，两亿余额宝用户，他们还需要教育，需要一步一步来。

我们的产品迭代以及收益调整，面对广大的用户，尤其是 80 后、90 后这部分人群，我们会下一番功夫。当然收益率也会慢慢下降，我认为高出银行（基准利率）3～4 个点会比较"普惠"。

（本文作者：石万佳；采写时间：2015 年 11 月 9 日）

开通金融 CEO 李欣贺：互金基础设施建设困难重重，但价值很大

李欣贺

人物简介

李欣贺，开通金融创始合伙人、CEO，人人贷创始合伙人。曾就职于中银国际、德意志银行直接投资部。毕业于北京大学。

企业简介

开通金融成立于2015年2月，由中合担保和人人贷投资，是一家专注于机构间交易市场服务的金融科技公司，为金融资产通过互联网平台发行提供完整的技术支持及解决方案。

核心提示

互联网金融方兴未艾，前景更是无限广阔。随着新技术广泛、深入的应用，金融秩序必然重建，金融生态必然重塑。开通金融正参与金融秩序的重建，又成为金融新生态里一抹特殊的风景。这是一家致力于机构间交易市场服务的金融科技公司，志在信息、技术服务和交易层面，打通传统金融机构和互联网金融平台，在整个金融市场实现资金和资产的顺畅流动，推动互金业基础设施建设。但在实体经济下行和新型金融市场监管政策未明的复杂环境里，它的发展也存在着诸多不确定性。但毋庸置疑的是，此种连接极具前瞻性和创新价值。

打通机构与平台

问：开通金融的服务更突出资产端？

李欣贺（以下简称"李"）：开通的业务不是对个人，而是服务互联网金融平台和传统金融机构，输出金融科技能力，一方面帮助平台更广泛、

146

更高效地找到优质资产，另一方面也帮助传统金融机构提高资产分销能力。

问：为什么做开通金融这个项目？

李：2010 年我和合伙人就开始在互联网金融行业创业。近年来，我们看到一个趋势，有越来越多的、原先在其他产业做得非常优秀的、有品牌、有流量的大型机构纷纷入局，像 BAT、小米、360、恒大、海航、宝钢等。整个市场呈现比较分散的格局。

另外，互联网金融对投资人的影响已经很深入了，但对资产端的影响并没有那么大，大部分资产仍由传统金融机构来做。所以，开通金融想把传统金融机构和互联网新兴金融平台连接起来，完成信息匹配和实现不同平台的相互交易。

问：如何打通呢？

李：主要从两个层面。一是信息层面。我们会把传统金融机构的资产资金信息和互联网金融平台的资产资金信息在同一个平台上展示。比如某机构可能资产过剩，而另外的机构可能缺资产，我们就在信息层面对两者进行撮合。尤其是很多传统金融机构有大量资产，他们原先资金或用户的获取渠道都是银行，但现在，我们让它对接互联网金融平台，大量增加了资产销售的渠道。

二是交易层面上。我们做了一套系统，通过这个系统把金融资产分销给互联网金融平台，或把互联网金融平台的资产打包给金融机构。这样的系统对大家都有好处，使资产资金的流动更为通畅，使整个金融市场的资金和资产达到一个很好的平衡点。

另外，我们还专门针对金融机构与小微金融机构做了一套第三方系统服务平台——微贷云系统。长期以来，传统金融机构对小微资产比较感兴趣，如消费贷、车贷、房贷等，但它们现有的运营体系和系统不适合管理这类小微类资产。微贷云系统能为金融机构提供多种微贷运营管理工具，还提供数据分析和投中监控等服务，彻底解决金融机构在小微资产运营管理中的痛点。

问：目前，金融市场对这个交易系统的需求大吗？

李：我觉得一个行业的健康发展，跟它的基础设施非常相关。比如一辆法拉利在泥路上是跑不快的，它只有在高速公路上才能发挥优势。开通金融做的就是金融行业的基础设施建设，对互联网金融行业的发展肯定是有帮助的。同时，对资产端来讲有几个好处：第一降低了资金成本；第二资金来源多元化了，同时能够充分发挥资产端的能力。

问：您认为金融的基础设施应该包含哪些方面？

李：主要是四个方面：一是信息层面，消除信息不对称；二是交易层面，能够跟不同类型的机构低成本地、有效率地完成各种交易；三是投后管理，贷后管理；四是清算服务，现在中国市场还没有专门针对不同互金平台间的清算组织。

基础设施建设不易

问：开通金融的商业模式听起来很不错，但在中国当下，你们所面临的问题有哪些？

李：首先是没有先例可循。开通金融做的事情具有开拓性，是为了满足中国目前互联网金融行业发展的需求，即使在国外也没有参照的对象。

问：你们的模式在国外也没有范本？

李：对，因为中外金融市场差异非常大。比如美国的互联网金融创新都偏技术，靠技术去提升金融效率，降低成本，或者是风控方面的创新。而中国的金融创新很多还是在渠道模式上。

另外，中外金融发展阶段不一样，轨迹不一样。中国的金融在信息化层面、移动技术应用层面是十分领先的。比如，美国银行现在还用支票，但中国银行业直接跳过支票的阶段，迈进电子支付时代。开通金融是根据中国互联网金融发展阶段的需求产生的，所以在国外看不到相同模式的公司。

问：我们重新梳理开通金融目前面临的困难。

李：第一，模式上没有什么可参考的对象，我们只能摸着石头过河。第二，整个金融市场今年政策变化比较大，整个金融监管体系也正在发生很大变化，因此整个行业都面临着很大的政策不确定性，这是我们面临的最大的挑战。

问：这会影响到你们的具体业务吗？

李：会啊。假如互联网金融行业越来越封闭了，那么我们的商业模式就不成立了。因为我们主要服务互联网金融市场，只有这个市场越来越大，才会跟传统金融机构有更好的结合。

问：根据目前的形势，您认为新型金融市场是越来越开放还是越来越收紧？

李：我对新型金融市场的发展前景是乐观的，参与者会不断增多，越来越多的大型机构将进入。但行业确实也出现了很多问题。例如倒闭的平台也增多了，造成了社会的损失。所以政策上到底怎么变化，我们也确实无法看得很清楚，但我们必须随时应对变化。所以，最核心的是公司的能力，你对金融的理解能力，对互联网的理解能力，如果你提供的产品和服务能够不断地为你的用户创造价值的话，你就能适应政策的变化。

问：开通金融需要打通各种金融机构的资源，那么，在打通的过程中遇到了哪些困难？

李：刚开始的时候会遇到很多挑战。大家会质疑你的价值，会观察你跟其他机构合作的成效。目前，我们基本算是度过了这个阶段，我们已经有了些合作机构，数量也比较多，合作期限也更长了。随着业务的开展，他们能看到我们所带来的价值，而且这个价值一定会随着网络扩张而越来越大。

技术决定未来格局

问：从 2015 年 4 月份上线到现在刚好满一年，开通金融目前已经实现了怎样的业绩？

李：到今年 3 月 31 日，我们平台已经实现了 110 多亿的交易金额。跟我们合作的机构和平台有 100 多家，主要是证券、保险、信托、银行、基金等传统金融机构及互联网金融平台。今年，我们计划把更多大型的互联网金融平台连接起来。

问：110 多亿的交易金额呈现出怎样的交易特征？

李：主要是传统金融机构的资产分销给互联网金融平台，这部分交易额超过 60%。还有一部分是互联网金融平台消化不掉的资产，通过我们打包卖给其他互联网金融平台和传统金融机构。我们帮助他们做资产打包，做尽职调查，做交易结构的设计和承销等。

问：开通金融的现状相较于你理想中的状态，处于一个怎样的阶段？

李：目前还是初级阶段，还有很长的路。

问：您觉得开通金融的商业模式在怎样的环境下会有更好的发展？

李：首先新兴金融行业要有很好的发展。另外，整个中国的实体经济和经济结构转型也要有很好的发展，因为金融是建立在实体经济基础上的。

问：您认为新兴金融的发展方向应该是怎样的？

李：优化资产配置能力，提升效率降低成本，是中国新兴金融两个核心的发展方向，也是符合金融支持实体经济，支持经济结构调整的发展趋势。

问：您觉得未来中国的互联网金融会是怎样的格局？

李：以前，金融机构的能力体现在牌照和资金上，但未来体现在服务能力和技术水平上。竞争格局必然会发生变化，像腾讯、阿里这些互联网巨头有可能会逐渐崛起，超越传统金融机构。

（本文作者：吴凤显；采写时间：2016 年 4 月 19 日）

犀牛之星创始人、CEO 刘卫武：保持创造性的张力，资源才会滚滚来

人物简介

刘卫武，犀牛之星创始人、CEO。曾任香港主板上市公司博雅互动（HK.股票代码：00434）高级副总裁。

企业简介

犀牛之星是国内首家新三板互联网金融信息门户，致力于为新三板投资者、新三板挂牌企业及拟挂牌企业、券商、律师、会计师、财务顾问、财经媒体等参与新三板的各方提供专业、高效、准确的信息服务，并提供企业互动平台，满足投资者互动、交流、体验、分享等需求。

刘卫武

核心提示

下午两点多钟，刘卫武躺在办公室里的折叠床上酣畅大睡。他说，创业狗都很辛苦，每天晚上 11 点，他才离开办公室。可他之前已是一家香港上市公司的高级副总裁，拿着可观的年薪。那么，他为何辞职创业做新三板服务软件"犀牛之星"呢？这款软件于 2015 年 12 月份上线，一个月后，即获得 1 380 万元天使融资。短短 5 个月后，其涵盖的机构约为 4 000 家。在描述这款产品时，刘卫武流露出难掩的兴奋。那么，"犀牛之星"到底是一款怎样的软件，让他如此富有激情呢？在回答上述问题时，这个 33 岁的年轻人表现出超越年龄的成熟和精明。他所说的，是一个丰满的、颇具参考价值的创业故事。

颠覆中介，颠覆券商业务

问：犀牛之星的产品已经上线 5 个月了，现在基本上成型了吧？如何描述您的产品？

刘卫武（以下简称"刘"）：现在的版本基本成型了。我们这个产品已经在很短时间内占领同类市场的第一位置，因为我们抓住了用户体验和用户需求的核心本质。

问：您觉得您抓住了哪些用户需求的本质？

刘：犀牛之星的核心是帮助中小微企业解决融资难的问题。融资难仍然是新三板挂牌企业最大的痛点。所以，我们 APP 首页有十个定增预告，点进去之后有两千多个定增预告，也就是说，在新三板企业中，每天有两千多家公司张开钱包等着融资。

打开 APP，作为一个从业者，第一眼要看的是今天（作者注：2016 年 4 月 13 日）总挂牌数是 6 523 家，协议转让多少家，当天新挂牌的有多少家等。

第二个设置叫拟挂牌库。你看 4 月 12 号这一天向全国中小企业股份转让系统提交的招股说明书有 20 份，也就是有 20 个企业申请挂牌。这 20 份招股说明书在我们这里公开。你觉得这个是不是很重要？但所有跟我们同类型的软件都没有这个设置。

然后我们设计了选股，有策略选股、概念选股和自选股，帮助投资者解决选股难的问题。所谓策略选股，就是我们主要根据国家发展战略和大政方针去选股。概念选股的设计像个傻瓜机一样，我们按照细分行业把股票分门别类地列出来，互联网、游戏、金融、生物治疗、VI 智能等都有了，很傻瓜，对吧？接下来是自选股，目前市场上没有一个软件真的能把新三板自选股做到极致，而在犀牛之星 APP 里，你随便选一支股票，就能看见这支股票的所有情况。你一键在手就可以投资新三板了。

还有一个重要设计就是我最开始想做这个产品的灵感来源。

问：叫什么？

刘：叫投脉。你只要安装犀牛之星 APP，系统会自动给你推荐很多人，有券商，有投资人，有律师，有会计师，有认识的，有不认识的。在传统产业链上，中介是通过信息不对称来赚钱的，而我们互联网公司就是要让信息完全对称起来，让产业链上的所有人在这里共享资源，同步聊天，相互认识，我们就赚个人气，但我们通过别的方式赚钱吃饭，这就是投脉。投脉解决了新三板产业里信息不对称、效率低下、企业融资成本高的三个最大的问题。

我们还做资讯，现在每天推送二三十条决策信息，有些是原创，有些是转载。我们是离市场最近的人，对相关信息非常敏感。

所以，犀牛之星为新三板产业链提供最综合、最优秀的解决方案。

要离钱最近

问：您是哪年生的？创业前的经历是怎样的？

刘：1983 年。最早创业的时候，做一个视频软件，2008 年卖给迅雷了。当时卖了 100 万元，一部分给团队了，一部分自己买房交了首付。

之后我就去了一家刚刚起步的游戏公司，叫博雅互动。我从产品经理做起，第一年做到部门负责人，第二年做到事业群总经理，第三年公司在香港上市，我任集团副总裁。第四年我分管战略投资部，任集团高级副总裁。去年我才出来创业，一共做了六年。

问：这么年轻就做到上市公司的高级副总裁，您觉得您为什么能获得成功？

刘：有几个因素：第一，在风来的时候，你准备好了；第二，你在整个战斗过程中不能有太大的战略性失误，如果有失误能立即意识到，并能够全力以赴解决它。

我觉得创业公司的节奏比较难把握，大部分创业公司最后死亡在 IPO 的时候，或者之前。或者没有大成。

问：为什么？

刘：管理跟不上，管理层的团队跟不上，战略跟不上，包括创始人的思维跟不上。最核心的还是人的思维意识跟不上。

我认为一切都是人的问题，不存在事的问题。牛逼的人在面对一个比较差的事情时也能创造出成果来，一个思维意识比较差的人，在一件很牛逼的事情面前，也没有能力 HOLD 住。

问：您已经做到了高级副总裁，为什么还出来创业？

刘：一部分是相对没有那么大的生活压力了，另外，我一直想做一件真的能够改变一些人的工作方式或者生活方式的事情。

我在管理博雅互动战略投资部的同时，有一年多时间，我坚持做了一件公益的事情，成立了一个协会，这个组织有几个重要的关键词，80后、湖南人、移动互联网、CEO。我聚集了80多个企业主。我们每个月都在一起交流，探讨商业模式。2015年初，这个协会有几个兄弟跟我说，新三板的门槛好像挺低的，我们是不是也能上？这句话提醒了我，所以我组织活动沙龙的时候，有意识找一些新三板方面的专家来做分享。

后来，这些会员拿着自己商业计划书，让我去推荐给券商，或者投资人。我就拿着他们的商业计划书转发给不同的券商、投资人和机构。我为他们组建不同的群，让他们交流，然后撮合线下见面等。但后来很容易搞混了，管理不过来。我是义务帮忙，也没有责任要帮到底。后来，我想这可能是个需求，我就想要不要做一款软件出来，其实就是今天的"犀牛之星"，就是投资人、券商、创业者在一个"房间"里聊天。

我琢磨了几天，觉得这个事情符合我的创业价值观。

第一，我对金融完全不懂，所以充满挑战。我觉得我这个年龄还可以重新学习，可以从零开始。

第二，我要干一件有十年趋势的事情。国家这么扶持新三板，中国又有几千万家中小微企业，都面临融资难的问题。我觉得这个事情值得去搏，可以干十年。

第三，我一定要做一个离钱比较近的商业模式。因为我做过游戏，我只要设计好功能，解决了痛点，明天上线，用户就会自动充值，赚钱的速度非常快。所以说我要选择一个赚钱速度快的商业模式。

第四，一定是阳光产业。我现在帮企业挂牌上市，帮人融资，解决他们的需求和痛点，从内心深处讲，阳光事业，做起来挺有尊严感。

第五，我对商业模式非常有兴趣。如果整天跟商业模式打交道，会是我人生最大的乐趣。我觉得这是我做这个事情的一个重要驱动力。

琢磨来，琢磨去，我觉得这个项目值得立项研究。那时候，我还在博雅互动上班，但我花了两个多月时间跑券商，请教一站式解决新三板企业融资难的可行性，得到的回答大部分是不靠谱，也有人建议可以试一试，但你要想颠覆我们很难。我们有很专业的团队，我们还有牌照。

后来我发现，我们对券商的原有商业模式具有颠覆性。他们怎么会觉得你靠谱呢？对于我，这恰恰是个好机会，这件事只有互联网思维的团队才能干。所以，我继续深入研究，找了一些貌似竞争对手的企业去拜访。

问：其他服务于新三板的公司？

刘：对，比如给企业做路演的，给企业做融资定增的等，我都逐个研究他们的产品、拜访老板，看看这些对手跟我的商业模式之间差别在哪里，或者哪些值得我去学习，他们的缺陷又在哪里，我要从哪个点去突破等。

问：你花了两个月专门做调查吗？

刘：专门做这个事，基本上每天都在深圳各个区跑来跑去，甚至我还会找这些公司的员工聊天。一些关键性的人物都给了我莫大的鼓励，我在创业的路上还是得到一些贵人的帮助。去年 6 月份，我就跟我们的 CEO 提出创业的想法。

问：博雅互动的 CEO？

刘：对。他觉得挺靠谱的。但他给了我一句话，新三板是个大机会，但你别贸然出去，你在这里毕竟稳定，收入又不差，大家又相互信任。别冒风险。

接下来的一个月，我又马不停蹄地验证，也开始找一些投资人，看他们是否愿意投这个项目。后来我得到一些人口头上的支持。之后我正式提出离职，9 月 6 号办好了离职手续。

要有一点小骄傲，但不能狂妄自大

刘：我离开博雅互动后，就开始租写字楼，找人做这个产品。其实一开始产品到底长成什么样，我脑子里真的没底，我只知道有个思路，所以，我不知道感性和理性到底哪个更重要。

问：您以前学什么专业的？

刘：计算机。我过去做的都是游戏软件。但这个软件我完全没干过，挑战太大了，每个角落我都不懂。

问：不是说，不熟不做吗？您什么都不懂，为什么还想做这个项目？

刘：我比起专家绝对是个菜鸟，但我懂创业者，懂商业模式。

问：不懂金融，您怎么去做呢？

刘：我愿意放下所有的东西，从零开始学。我现在每天一定要看完我们平台每天写的所有文章，虽然我依然有些还看不懂，但我觉得没有想象的那么难，你每天沉浸在那个环境里去，就会很快成为专家。

然后我不停地去分享我的商业模式，我身边的专家太多了，他们会给我指点。我今天早上还在微信里跟李开复老师探讨商业模式。

所以，千万不要被专业麻痹了，千万不要被学历麻痹了，一切都在于这个人愿不愿意学习，愿不愿意进步，对新鲜的事物感不感兴趣，想不想自己的人生更加丰富。

正是因为我内心渴望，也不畏惧，所以我愿意去接触比我更牛逼的人，去向他学习，反而得到了别人的指点，我觉得恰恰这一点对于一个创业者来说特别重要。

这就是创业者本身应该具备的某种张力，就是无所畏惧的创造力。当然不能狂妄自大。但你要有那么一点小骄傲。这种创造性的张力才能拓宽自己事业和整体的格局，这个世界上的资源才会向你滚滚而来。如果你是保守的，认为什么事情都不可能，那么你的局限是很大的。

问：犀牛之星现在有多少人员？人员结构是怎样的？

刘：现有 32 人，在新三板和媒体这两个领域我们都有几个专家。

问：我觉得您虽然不懂金融，但您有互联网思维。

刘：对，我掌握了互联网思维。

问：以前做游戏的经历对你现在有影响吗？

刘：有影响。那是一种思维方式的建立，对用户体验的高度尊重，并用创新去挖掘、解决产品的痛点。另外，我在游戏公司后期做资本管理，积累的人脉也很重要。

问：做游戏的时候离钱最近，现在离钱近吗？

刘：还是很近。做游戏，人均消费可能是几百块钱。但这个项目的每个企业的平均消费是几万元，甚至几十万元。肯定离钱近，但服务的难度不一样，对团队的要求不一样了，就看你有没有本事赚这个钱。

找搭档，就是谈恋爱的感觉

问：再回到刚才讲的，您从博雅互动辞职后，开始创业，找写字楼、招人。之后怎么设计产品模式呢？

刘：我找到了人之后，才开始写产品的草图。最开始就是找人，找人是最难找的。最早期，为了找人，我去东部华侨城至少五六次吧。

问：去干吗？

刘：我每次找到一个潜在的合作对象，或者合伙人对象，就会开着我的车，载着他全深圳地转，还带着他直接冲到山上去，在车上跟他们介绍这个项目，往山上冲的时候跟他们讲这个项目的前景，然后让他体验我的车。我喜欢开快车，我也喜欢性能好的车。我要让他们接受我和我的梦想，然后愿意跟我干。

问：您开的是什么车？

刘：上个月还是宝马，这个月已经是奥迪了，百公里加速都在4s到5s左右的车型。

问：这些专业人士您是怎么找到的？

刘：有朋友介绍的，也有我在网上找到的某个专家的联系电话。第一次见面谦虚一点，向人家请教呗。学着学着就发出邀请，人家说，可以谈一谈。OK啊。聊一聊就上了我的车，我就开到山上去，东部华侨城啊，欧洲城啊。

问：那是深圳年轻人谈恋爱常去的地方啊。

刘：就是谈恋爱，真的是谈恋爱的感觉，就是找个搭档，告诉他，你是如此善良，你是如此有梦想，你是如此可怜，你需要他的帮助，就是这样的过程。有一个人，我去了他家三次才搞定。有些人，我为了把他"骗"来，让他先不入职，先兼职。我的一个合伙人，是先兼职给我干的。她开始说，看在老乡份上，她愿意帮我搭建团队，搭建好了，她就回去，就不管我了。我俩一个县的。她是资深证券媒体人，但年纪比较大了，体力也有些跟不上。

问：你为什么要这样的人呢？

刘：我要她的专业啊！经验和知识都是OK的，我到哪儿去找一个这样的人呢？不好找的！

我觉得创业时，定位很重要。要自己说服自己，然后搭建团队更重要。

以爆款新闻开路

刘：搭建完团队之后，紧接着面临最大的挑战就是做产品模型。对我来说这是最大的考验和学习。那个月，我完全花着自己的钱。

问：最初三个月的创业资金都是您个人投的？

刘：对，就我一个人。

问：胆子挺大的嘛。前期花了多少钱？

刘：我觉得是梦想驱动。现在还有些人把房子卖了去创业呢，那些胆子才大。

那时候，一个月差不多十几万，租房子，开工资，买电脑等。我想融资，但我又不能把融资当成最重要的事情，我要先把产品搭建好，因为我不能去坑投资人，我又想得到高估值，不想贱卖我的故事。

问：产品做出来后，如何迅速地占领市场呢？

刘：我只能这么跟你说，目前我们是新三板市场的新兵，但已经是用户规模最大的、用户口碑最好的产品。

问：用户是怎么获取的呢？

刘：基本上是通过原创文章获取用户，经常推出爆款新闻，然后在朋友圈转发。然后……（作者注：此处省略581字）这个方法似乎有点不能登大雅之堂。其实我们是一个非常接地气的创业型公司，为什么我们在这样的场地里办公？就是希望更能接地气一点，保持一种创业的感觉。现在，圈内人士基本上都知道犀牛之星了。

问：对，你们为什么选择这么普通的环境办公呢？

刘：你在一个高逼格的环境里能想到这种商业模式吗？你脑子都糊涂了。你一定要让自己低到不能再低下去了，成长空间才大嘛。当然，我也没有多少钱。

问：犀牛之星正式上线是几月份？

刘：去年12月底。

问：您拿到天使轮是几月份？

刘：我实际上11月份全部签完合同。

问：为什么这么快就能吸引到天使投资人？

刘：首先，这个项目还算靠谱，在金融行业里，新三板是有想象空间的。P2P面对很多政策问题，不确定性很大。但新三板是国家产物，政府扶持，我们只不过是第三方服务公司。其次，他们觉得我这个人还算靠谱。主要是这两点。

问：现在A轮到什么阶段？估值多少？

刘：A轮差不多定了。三亿人民币。

问：您对公司未来的构想是怎样的？

刘：第一个阶段要完成新三板里的"东方财富"，就是媒体加工具。第二个阶段我要做新三板里的"小清科"。清科集团是风险投资行业最大的数据库，我要做新三板行业里面最大的数据库、最大的咨询公司、最大的研究院。第三个阶段我要把我们现在的九家股东机构投的大概两千家天使投资项目进行资产重组，再跟新三板企业并购重组。比如说IDG资本投了四百多家公司。但只有5%左右的企业能IPO，10%左右的企业能挂新三板，还有大约80%的企业是在等出售，甚至等死。我们去帮他们对接给新三板公司。

先免费，再找盈利模式

问：我刚才进门的时候，您还在睡觉。创业很辛苦吗？

刘：创业者都是这样。

问：为什么这么忙？

刘：很多事情没有准备好。我们现在已经铺开了这个项目，很多东西需要重新学习，要继续找人才，要验证商业模式。每天都在不停地思考、不停地寻找、不停地验证。

问：项目上线五个多月了，怎么还在找商业模式？

刘：因为我们并不是卖软件的，我们软件是免费用的，所以我们要寻找商业模式。目前，我们主要的商业模式是向企业收年费、广告费、挂牌的渠道宣传费用。另外，新三板企业挂牌后，大部分企业还是没有得到太多的关注，我们就组织投资者到他们公司调研，去看他的项目，然后再组织投资他。我们收取一点点佣金。

我们还在探索别的路子，目前还不是非常清晰。因为新三板是一个新事物，我们作为新三板的第三方金融公司也是一个新事物。传统的 APP 能给我们的借鉴很少，对于我们来说一切都得创新，甚至有些是颠覆性的创新。所以也很刺激。

问：为什么没有先想好盈利模式就创业了？

刘：我认为它一定能出来，只是需要时间去探索。互联网企业，包括 BAT，一开始都用免费的策略吸引人气，然后才开始思考盈利模式。现在我们的人气够旺了，也该思考如何生存的问题了。

问：除了思考盈利模式，还思考什么？

刘：招人才。

问：想增加哪方面的人才？

刘：侧重金融专业、证券、券商背景的，还有销售经验的、媒体背景的等。到现在为止，我还没有 HR。

问：您自己就是 HR？

刘：我们全公司的人都是 HR。我们新入职的人都问我有没有 HR，我说没有，现阶段就不能用 HR。HR 根本不知道你的需求是什么，而且 HR 是粗犷型的招聘。而一个创业公司，要找的人都是"将"，都是能打仗的人。

问：没有 HR，您怎么招人？

刘：朋友介绍。

问：都是您自己亲自谈吗？

刘：相对低端岗位我就不自己谈了，只要是核心岗位，我都会亲自谈，聊天吃饭什么的。

问：您现在每天在办公室待到多晚？

刘：我一般晚上 11 点多才离开办公室。我还要开车把所有技术人员送回去，我才回家。

问：为什么送他们回家？

刘：我觉得要跟团队在一起的时间多一些。

（本文作者：吴风显；采写时间：2016 年 4 月 13 日）

新联在线 CEO 许世明：稳健打造"全球化互联网理财平台"

许世明

人物简介

许世明，现任新联在线联合创始人、中国区域总经理。毕业于中国政法大学，硕士研究生学历，获高级经济师职称。之前，曾从事过公务员，以及 15 年的法律实务、企业运营及金融信贷、风险管理工作。

企业简介

新联在线是由来自新加坡和中国的金融及互联网专业团队成立的全球化互联网理财平台，总部设于中国广州，并在新加坡、台湾、柬埔寨等国家和地区设立运营机构，还将计划在印度尼西亚、澳大利亚等国开展业务。

核心提示

新联在线有条不紊地在新加坡、柬埔寨及中国大陆和台湾等国家和地区搭建了一个丰富的互联网金融运营框架，一旦相关政策松动，各地区的资产和资金实现连接，中国第一家真正的"全球化互联网理财平台"将会诞生。在目标成真之前，新联在线一直在合规的道路上走稳健的发展道路，坚持资金和资产的平衡，坚持严格的风控，甚至为了坚守底线，连选择投资机构也都小心翼翼。毕竟互联网理财平台关系千家万户的悲喜，在如何建构高远的理想和如何抵抗诱惑、避免被注"鸡血"等方面，新联在线都具有很好的参考价值。

坚持资金端和资产端平衡发展

问：新联在线有哪些特色？

许世明（以下简称"许"）：第一，我们比较看重资产端的质量。第二，我们坚持跟合作机构开展业务合作。第三，我们不太注重平台的过度成长，一直注重资产端和资金端的平衡。

我们对想参股的投资机构要求非常高。之前，我们谢绝了很多投资机构，最终接纳了新加坡的上市房地产集团——Kingsland Development（下简称"Kingsland 集团"），获得 5000 万人民币的 A 轮投资。另外，我们几位联合创始人都曾是传统金融的从业者，都在高管位置锤炼了比较长的时间，并且都有一定的财富积累。

问：为什么注重资金端和资产端的平衡？

许：因为 P2P 平台是信息中介，不是信用中介，它不能把资金拿回来再放贷。我们每一笔交易都有完整的链条，必须先有需求方，也就是借款人，经过审慎判断，并经过反担保，才把它发布到我们的平台上。也就是说，我们坚持不做资金池，坚持每一笔项目都有质量保证。这就是为什么我们苦苦做了三年才有三个亿的待收资金。因为我们不像其他平台那样，不太注重资产端的稳步建设。他们感觉只要把平台推广好了，有很多人来注册投资，平台就可以成长了。其实不是这样的。

问：只要保持资金端和资产端达到平衡就可以了，为什么不太注重过度成长呢？不是成长越快越好吗？

许：比如说，经过推广，我们平台的名气非常大，投资者很多，大量资金涌入，那会不会反逼我们把资产端上的量做起来？但资产端不是你说上量就可以上量的。一旦上量，我们会担心失控。可能会出现两种情况：第一种是不追求资产端，反正你有多少投资，我就发多少所谓的"项目"，这是最简单的。第二种是坚持有多少项目匹配多少资金，但资金多的时候，他会发布一些本应该否决的项目，使得整个平台的风控失衡。所以，我们在同等规模的平台里，营销费用是很少的。

问：您所描述的情况在中国 P2P 行业具有代表性吗？

许：应该是主流。很多互联网金融创业者之前并没有金融方面的管理经验，对金融缺乏敬畏之心。他以为只要把量做起来了，就会有 PE 或 VC 来投资，甚至能够蒙蔽所有人，直接实现资本上市或者并购。所以，他只能过度放贷，不该放的款也放。

问：通过做假标获得的资金，只有贷出去了才能产生利润啊。

许：未必都贷出去了。从出事的平台可以看出，融回来的一部分资金他没有放贷出去，而是用于挥霍或者其他投资。这是因为他本来就没有资金需求方，却设计一个项目出来。那么，钱多了之后怎么办？他得付利息啊，所以只能再做一些高风险投资。

但做金融，并不是说你把款放出去就没事了。其实，把款放出去才是担惊受怕的开始。只有通过有效的贷后管理才能在风险萌芽状态下，及时采取措施避免风险的发生。贷后管理决定这笔款的本金利息是否能够安全回收。

每月一次贷后调查

问：那么，新联在线是如何做资产端的呢？

许：新联在线的资产来自合作机构，如小贷公司、保理公司、资产管理公司、融资担保公司等。一旦借款人不能够正常还款，这些合作机构都必须先全额垫付给投资人，新联在线再配合合作机构走该有的法律程序。

问：你们在资产端有多少家合作机构呢？

许：13 家，都在广东省内。我们的投资者面向全国，但我们的借款人只在广东省内，现在主要集中在湛江、东莞、中山、广州等地。

问：你们的贷后管理是怎么做的呢？

许：我们的贷后管理分几个步骤。放款后的十天内，我们要到借款企业进行第一次贷后现场调查，主要看他借款用途是否和他之前描述的一致，看看资金有没有被挪用，还要看资金到位后，对他的生产经营有没有产生积极或消极的作用。我们还对企业实际控制人、财务负责人、生产经营负责人等进行访谈，进一步了解款项到位以后的运营情况。有些抵押给我们的房产、车辆、商铺，我们也会于贷后用合法手段去查询有没有发生变化。第一次检查结束后，我们要做好下一次检查时需要关注的要点。

问：你们的项目一般是多长时间？

许：一个月到六个月。

问：贷后调查频率是怎样的？

许：每月一次。但像公司股权是否有变更啊，公司有没有涉及诉讼、抵押物有没有被查封等信息，我们会通过工具和其他合作方，每五天进行一次广泛查询。如有异常，我们能够及时知晓并果断采取措施。

问：你们在风控机制上还有哪些特别之处？

许：我们建立黑名单制度，风控人员如有人为的不负责任的行为，我们会毫不犹豫地在行业内进行通报，并会果断报案，追究其责任。

问：你们计划今年把待收金额做到十个亿，但从 2013 年上线到现在，待收金额是三个多亿。那么，在经济下行的情况下，如何实现 7 亿元的待收金额呢？

许：针对经济下行的现状，我们主动做了一些业务调整，减少了中小企业流动资金贷款。即使给他们贷款，过去做信用贷款、半信用贷款的，现在全部做车贷、房贷，也就是说必须有房、有车抵押才给中小企业做贷款。

另外，我们做更多的高速公路、电网改造等民生工程建设的供应链金融，这类项目安全性更高。因为经济下行，政府为保GDP，必然加大基础设施建设的力度，如高速公路、电网改造等民生工程。这些项目的结算方式很特别，一段一段按进度结算账款，政府不能拖账，一拖账，下一段的材料供应商就不再供应材料。所以这类项目，安全性非常高。这是我们对抗经济下行的一个重要措施，是资产端的一个有效补给。

问：8月24日施行的《网络借贷信息中介机构业务活动管理暂行办法》（以下简称《暂行办法》）规定，同一自然人在同一网络借贷信息中介机构平台的借款余额上限不超过人民币20万元；同一法人或其他组织在同一网络借贷信息中介机构平台的借款余额上限不超过人民币100万元。你们如何应对？

许：到现在为止，新联在线几乎已经达到了《暂行办法》的各项条件，但同时我们的标的确实有一些供应链项目，金额比较大，这一块会逐步进行调整。对待《暂行办法》，我们像重视生命一样执行。

坚守底线，规避投资陷阱

问：刚才提到，你们在引进投资机构时要求比较高，谢绝了很多机构，最后引进Kingsland集团是怎么考虑的？

许：我先说说为什么谢绝吧，因为很多风险投资机构进来后会直接干预你的经营，会拔高你各项经营指标，比如新联在线现在的累计成交量是三亿，他要求我们几个月后做到十个亿。

然后我们要签对赌协议，如果到期不能做到十个亿，可能我们所有房产、所有股份全部都要给他了。那可能出现什么后果？我们可能会放弃底线。因为这时我们会想，这么大一个股东，他都不怕，有他兜底我们怕什么。其实他只是财务投资者，只是有限责任公司的股东，他没有参与经营管理者的违反犯罪行为，不用承担相关责任。所以一旦出了问题，追究的是实际运营者的责任。

如果没有出现问题，真能做到十亿，他就直接帮我们谈B轮了，把我们的估值推高，然后自己开始局部退出，他可能退出 50%，但由于估值翻了几倍，他已经赚了。接下来，他又和 B 轮投资人一起再给你打"鸡血"，他们帮你找 C 轮，要求你什么时候做到二十亿。其实，A 轮的时候，企业运营者们跑得差不多想死了，快跑过程中也积累了大量风险，甚至积累了一些违法违规的事实。没办法了，到了这一步只能不要命地继续下去。这就是引进一些股权投资者后对原有股东的一些坚持原则的毁灭，原有创始人本来想做的事情已经变了，已经走上了不归路。

所以我们对股东的选择要求非常高，我们宁愿估值没有这么靓丽，宁愿他投的资金没那么多，关键是，大家要有共同的愿景，能够尊重职业管理团队。

新联在线是由来自新加坡和中国的金融及互联网专业团队成立的全球化互联网理财平台，总部设于中国广州，并在新加坡、中国台湾、柬埔寨等国家和地区设立运营机构。还将计划在印度尼西亚、澳大利亚等国开展业务。

问：你们为什么最终选择新加坡 Kingsland 集团？

许：这家公司跟我们公司的两个联合创始人有很深的渊源。他们两位之前在新加坡读书时认识的，也共同创业过。其中一位联合创始人叫李国兴，曾是 Kingsland 集团在澳大利亚上市的一家子公司的执行董事，两个家族的关系非常好。

Kingsland 集团投资新联在线是他们在中国投资互联网金融的一个比较好的选择，经过九个月的协调，最终确定对我们进行股权投资。

要做全球化互联网理财平台

问：你们平台上所有资产都是国内的资产，并没有跟 Kingsland 集团开展合作？

许：没有，甚至 Kingsland 集团跟新联在线的新加坡分支机构也没有开展合作。

问：但 Kingsland 集团老板之前公开表达过类似想法，想把互联网金融跟房地产结合起来。

许：是。不排除在政策允许的时候可能会结合起来，但暂时不符合条件。他不是一个杀鸡取卵的企业家。

问：新联在线宣称是中国第一家全球化互联网理财平台，但新联在线现在所做的并没有境外的业务，对吧？

许：对，目前还没有。将来国家的外汇政策逐步放开，我们会考虑推出跨境的项目。

问：新联在线在柬埔寨、新加坡、中国台湾等国家和地区的机构和新联在线中国国内的机构，有业务关系吗？

许：毫无关系，包括股权上暂时都没有关系。资金端和资产端，新加坡、中国台湾地区、柬埔寨三地业务是打通的。暂时跟中国国内的新联在线没有关系。但不排除将来在政策允许的时候，我们可以在股权、业务、资金等方面迅速接通。

现在，周伟强是广州新联的董事长，李国兴是海外机构的董事长，我是中国区域的总经理。四地公司在股权架构上暂时没有关联。但不排除将来我们通过海外上市，或者海外并购，使它成为新联在线集团。

问：那现在你们提出"全球化互联网理财平台"还只是一个口号？

许：对，这是一个愿景。等政策允许了，我们可以接通几地的资金和资产，可以把海外低风险的优质资产匹配给我们国内的投资者，国内的一些投资者有巨额资金。我们也可以将海外的投资者匹配到国内，因为他们投资海外新联在线的收益率是比较低的（年化收益率4%到5%），跟我们国内的新联在线的投资收益有一个比较大的价值洼地（年化收益8%到14%），在政策允许的情况下，他们可以投中国新联在线上的标。

问：新联在线在新加坡、柬埔寨和中国台湾各地的成交量情况如何？

许：目前整个新联在线四地成交量已经超过十亿美元，大部分成交量贡献在广州新联在线，海外三地的交易量也在持续增长。

（本文作者：吴凤显；采写时间：2016 年 9 月 1 日）

万盈金融 CEO 李笋：2016 年，我们应该踩踩刹车

人物简介

李笋，万盈金融 CEO。毕业于中国石油大学工商管理专业，12 年银行从业经验以及 6 年以上金融机构运营管理经验。先后任职于招商银行、民生银行、兴业银行等。2014 年出任珠宝贷联合创始人兼 CEO。2016 年 3 月出任万盈金融 CEO。

企业简介

深圳万盈互联网金融服务有限公司是上海富田股权投资基金管理

李笋

有限公司旗下互联网金融平台。股东背景为四川省宜宾五粮液集团宜宾制药有限责任公司，而宜宾制药背后，则是药业龙头中国医药集团和五粮液集团两大巨头的身影。平台于 2015 年 5 月 9 日正式上线，系专注于高新医药产业供应链的专业互联网金融平台。

核心提示

刚刚卸任珠宝贷 CEO 的李笋，已掌舵万盈金融一个月了。两年前，他是传统银行支行行长，并且在传统金融体制里供职了 12 年。这样的职场故事，发生于互联网金融野蛮生长、传统金融受到猛烈冲击的大背景下。所以，李笋的人生曲线在某种程度上反映出近年金融行业发展的脉络。细察之，在其近年两易其职的轨迹里，还有一个未变的共性，即产业金融。珠宝贷是珠宝行业的产业金融，万盈金融是医药行业的产业金融。因此，李笋对产业金融的体会是最直接的、深刻的。

供应链金融存在天花板

问：请问万盈金融的项目来源有哪几种？

李：目前分三类，第一类是供应链里的保理类业务，我们的母公司是上海富田基金，是专门做医药行业的PE的，专门为医药行业上市公司和拟上市公司提供金融服务。另外，富田基金的股东是宜宾制药，而宜宾制药的控股股东是国药集团。基于此，我们能获得不少医药行业核心企业的供应链应收账款，并把它设计成保理业务。第二是医药行业的项目贷款，比如说医药行业用固定资产或医疗器械、药品经销权、药品生产许可权等做抵质押融资。第三类就是非医药行业的优质企业抵押和担保类融资。

问：非医药行业的项目会成为重点吗？在之前完成的所有项目中，医药行业供应链的项目占多少？

李：医药行业的项目占比70%左右，未来我们也是做医药医疗的产业金融为主。最近我们做了几个非医药行业的房产抵押项目，但这并不冲击我们主营业务的占比。

问：为什么会增加非医药行业的项目？

李：万盈金融从成立之初就把自己定位为医药医疗产业的资源服务平台，除了为产业募集民间资金以外，还提供企业发展过程中需要的产业资源。因为是非标准化资产，洽谈周期较长，所以公司在成立时就设计了这三个板块，预留了一小部分是非医药行业类资产项目，作为标准化资产，项目操作已经有非常成熟的流程，可以作为平台项目的有效补充。

实际上，做垂直领域更专业，安全边际也更高，但也会有一个问题，就是经济下行或行业不景气时，你的平台就会面临一定系统性风险。另外，细分行业的发展确实容易出现天花板，但具体也要看是什么行业，这也是我对万盈金融充满信心的地方。

问：为什么？

李：首先，医药行业的市场规模大，是万亿级市场；其次，医药行业不太容易受经济下行的影响，所以它的安全边际高过其他行业；最后，做医药行业的P2P较少，市场上的资金缺口比较大，所以我们有广阔的市场空间。

越垂直细分，越有竞争力

问：无论是珠宝贷，还是万盈金融，都属于供应链金融，您对供应链金融是怎么理解的？

李：我更倾向于把万盈金融的业务模式称为"产业金融"，供应链金融是其中更细的一部分。而我们的三个板块当中，就有一块是医药行业的抵押借款，是行业内单个企业的经营性资金需求，贷款以不动产抵押为主，不涉及上下游供应链。

银行或者综合性的 P2P 平台，什么都可以做，但再好的风控也不可能对全行业的业务精准把控。尤其是，很多项目最终的借款用途并不真实，贷款资金容易被挪用，信贷资金没有真正服务于实体经济，而是流入高风险的房市股市。

相对来说，产业金融乃至供应链金融会专业得多，也有固定的资金用途流向，风险也比较好把控。产业项目上，我们是依据股东方在医药医疗行业上的资源积累，对借款企业进行全方位的"金融＋行业"双轨风控考核，在贷前就可以掌握借款企业的运营情况和还款能力；供应链项目上，我们现在是通过保理公司核查应收账款的真实性，符合条件的应收账款才会形成标的进行债权转让。

问：您觉得供应链金融对整个产业会将产生哪些影响？

李：首先是使民间金融阳光化，其次，会缩短产业链里各要素的流转时间，成本肯定降低了，节约了社会资源，最终消费者得到实惠。

所以，P2P 未来的发展会越来越专业，肯定会基于某个产业链，而且是一个细分的行业领域，否则没有核心竞争力。

问：您认为网贷行业未来发展前景如何？

李：2016 年肯定是调整之年，网贷平台会加速淘汰。保守估计，有60% 的平台一眼看上去，在资质、风控、模式、管理等方面都不太符合互联网金融的最低门槛，不适合继续做下去。

我们不得不承认 P2P 本质是好东西，只是前期缺乏监管，出现了不少问题，但一旦有了监管，调整过来后，未来市场需求会非常大，比我们想象中的还要大。

引进律师事务所核查项目真实性

问：对万盈金融的发展，您有什么计划？

李：我是 3 月 9 日就任，时间还不长，但可以看得到已经有一些明显的变化。不管投资人的注册用户量，还是投标速度都有所增加，另外网站在持续优化，推出了会员分级管理、微信服务号、积分商城、第三方律所核查、银行资金存管等举措。互联网本身是大数据沉淀，比如我们做会员分级管理就是做大数据沉淀。

我们现在也给自己定了一个目标，到 5 月 9 号，公司成立一周年，实际上距今还剩下半个月时间，也正好是我来万盈金融整整两个月，我希望整个平台到时能有一个较大的提升。我们已经给平台拟定了 11 条优化项目，都要在 5 月 9 号前逐一实现。再给我们一年时间，平台会有更大的进步。

问：之前的 11 个月，风控是怎么做的？

李：之前的风控是上海富田基金在做。上海富田基金是一家私募基金，就像投资银行一样，而投资银行在银行系统内的专业水平也是高过支行信贷部门。加上我们股东方的行业背景和资源，所以项目风控一直都没什么问题。

我来之前，看了公司的原始资料，感觉这个公司虽然发展不算快，但是一家规范透明干净的平台，前期没有不规范的经营行为需要去弥补的。为了证实平台没有自融，标的真实，我们也引进了信达律师事务所对平台的项目进行核查，并出具独立的核查报告。而且是逐笔查，不是抽查。以后的项目还会这样操作。信达律师事务所也是专门给上市公司做法律核查的，曾服务过珠宝贷等平台。

问：富田基金主要做医药行业的业务，那么，万盈金融平台上的非医药行业的项目也是富田基金做吗？

李：是的。富田基金虽然专注医药行业，但并不是百分百只做医药行业业务。过去我们有一套"金融＋行业"双轨风控系统，业务只依赖于上海富田基金，也没有第三方渠道的项目合作，所以业务发展慢了一些。现在我们已经做了调整，升级为"双轨双擎"风控系统，在原来金融风控和行业风控并行的基础上，我们在深圳加设了一个风控中心和业务中心，上海那边也有一个风控中心和业务中心。

"双擎"，就是"上海＋深圳"两大风控中心交叉审核，业务来源主要集中在珠三角和长三角地区，由其中一个中心发起的项目，在当地走完风控流程后，需要提交另一中心风控部门交叉审核，可以有效避免业务流程的纰漏和人工审核的误判。

必须银行托管

问：您来之后有了一系列的动作，主要调整方向是怎样的？

李：2016 年实际上是一个调整之年，并不是一个创新之年。所以我们要一条条地对应《关于促进互联网金融行业健康发展的指导意见》和《网络借款信息中介机构业务活动管理暂行办法（征求意见稿）》进行整改，整改下来就可以生存下去，整改不成功的就会被淘汰掉，因为不需要那么多平台。

万盈金融会针对这些规定调整我们的平台，比如我们现在必须做银行托管。

问：银行不是不积极吗？

李：银行确实不积极，因为需要投入大量的人力物力开发对接的系统，这个系统比较复杂。另外，托管以后，银行能获得的存款非常有限，因为 P2P 不能设资金池，所融的资金马上要给借款人的。那么，银行费这么大的劲开发，获得的收益不多，又要给平台做信用背书，所以很多大银行不甚感兴趣，相对而言，小银行会更主动一些。

问：春节以来，已有不少平台自动关门清算了，而且整个行业呈现出资产荒的现状，您认为未来的走向是怎样的？

李：第一，各平台要找到自己的核心竞争力，不要去做一个大而全的综合平台，一定要在行业细分领域找到自己的特色。另外要懂得踩踩刹车，对自己的平台进行优化，做调整，调整到合规、健康的状态。调整好后，再开始往前去迈步，不要走都没有走稳就想奔跑。

问：万盈金融 2016 年的发展策略是什么？

李：整个实体经济在下行，优质的标的在减少。万盈金融今年会在合规方面做更多努力，然后保守一点，做一些安全等级比较高的项目，比如核心企业的、三甲医院的、上市公司的应收账款，另外，确确实实有房产抵押的或有上市公司做担保的业务，我们才考虑去做。一些看上去风险较高的，现在基本都没有做。

问：富田基金是什么性质的企业，在万盈金融占多少股份？万盈金融的国资成分如何体现？

李：富田基金是由国企宜宾制药及其子公司共同控股51%的私募基金，在万盈金融占80%股份，剩下的20%用于员工持股计划。而宜宾制药背后，是央企国药集团占股51%，地方国企五粮液集团占股49%。

问：你们近期有融资计划吗？

李：暂时没有，因为我们集团资金比较充裕，没有说要融资。急于融资的更多是草根平台。他们为了获得融资，花钱刷数据，把数据做得很大很漂亮。一般上市公司或者国企背景的平台不是这种玩法。我们平台没有去刻意做任何数据上的包装。我们没有任何做假数据的动力。

创业艰辛，但有成就感

问：您本来做传统银行的，2014年做互联网金融的珠宝贷，当时出于怎样的考虑？今年最近一段时间有很多银行高管跳槽，为什么出现这样的状况？

李：在做银行行长的时候，我开始接触珠宝行业。深圳罗湖水贝市场有很多做珠宝生意的。有这么一句话叫"世界珠宝看中国，中国珠宝看深圳"，深圳就看罗湖水贝珠宝城，方圆不到10公里有4 000家珠宝企业，2 500个珠宝品牌。他们都有融资需求，但银行放贷总是会问，厂房是不是你的？设备贵不贵？结果厂房是租的，设备也不贵，珠宝行业最值钱的就是它的存货，但银行不知道怎么衡量这些东西。再者，我把钱借给你，你不可能把黄金压在我银行。我们进一步了解到，行业内有两家担保公司，它们是珠宝行业内几十家龙头企业组成的融资性担保公司，只做珠宝行业融资的担保。有他们审核、做担保，并在银行存一定的保证金，银行不需要任何抵押物就直接放贷了。但银行挑的永远是最大、最好的企业。

2014年，我有一次去一家担保公司谈业务，听他们说想成立一个互联网金融机构，解决这个行业融资难的问题。我本身是做金融的，而且当时是属于比较年轻的行长，能够接受新鲜事物，知道这个市场非常大，所以，我自告奋勇加入了互联网金融这个行业。

问：原来你是这样一个机缘从传统银行出来做互联网金融的。当时这个决心还是很大，毕竟银行行长的社会地位是很高的。

李：追溯到2014年，其实已经有很多银行行长选择了互联网金融、基

172

金公司等。因为我们在银行也做了十几年了，知道在传统银行自身可发挥的空间不大，又对新生的事物，包括对互联网金融很感兴趣，所以我们更想去做一些创新的事情，发挥更大的自身价值。有魄力，有专业知识，才敢迈出这一步。

问：这能从侧面反映了金融行业未来的一个方向吗？

李：肯定会是这样的，其实银行已经在努力转型了，原来只吸储、放贷，慢慢地也开始代售理财产品，甚至推出自己的理财产品，但它的转型是保守的、缓慢的、覆盖率低的。

问：您从银行跳出来做互联网金融创业的体验是什么？

李：创业是非常艰辛的，平台上线初期，无论是借款人还是投资人都不太了解互联网金融是什么。为了吸引投资人和借款人，作为总裁，我都会亲自带队去企业，为企业主和企业员工宣讲互联网金融知识。

问：您刚才说到创业艰辛，除此之外还有什么创业体验？

李：也比较有成就感。银行的工作相对稳定、变化不大，对自己的挑战也不大，能体现个人价值的东西也不是很多。而在一个全新的行业，把一个企业从小做到大，从不为人知，到行业里有一定知名度，可以提高自己和体现自身价值。这也是为什么有很多有理想有志向的年轻人，最终从传统金融勇敢地走进一个新生行业的原因。正因为有了这样一批有专业知识背景的传统金融人士加入，把这个行业拔高一个档次，互联网金融本质还是金融。从银行出来的人，相对来说会更看重风险和规范。

问：刚才我们讲到银行的跳槽现象，现在 P2P 行业高管跳槽也很频繁，为什么？

李：主要是因为 P2P 行业发展较快，人才相对比较缺乏。

（本文作者：吴风显；采写时间：2016 年 4 月 6 日）

地标金融总裁刘侠风：创新，
P2P 才能快速发展

自 2007 年国外网络借贷平台模式引入中国以来，国内 P2P 网络借贷平台蓬勃发展、百花齐放，迅速形成了一定规模。截至 2016 年 6 月底，P2P 网贷行业历史累计成交量达 22 075.06 亿元。本文主人公刘侠风，自 2012 年进入人人聚财直到现在担任地标金融总裁，成为业界备受瞩目的"黑马"。

刘侠风

创新探索，才能刺激一个行业快速发展

现在大家可能感觉到，特别是在 2015 年下半年之后，具体的时间节点可能是 e 租宝事件之后，全国上下，感觉十分萧条。这个萧条不是行业萧条，大家每个月的销售量，整个平台成交量这一块还是继续往上涨，萧条的是什么，创新的意识萧条了。比如 2015 年看到的首先是股票配资叫停，

理财超市模式叫停，2016 年首付贷叫停。P2P 开始没有监管，不知道什么能做，什么不能做，很多平台做了很多有效的尝试。

刘侠风说，一个平台的动机不是为了诈骗，是创新探索，才能刺激一个行业快速发展。现在很多平台用监管的话说乖多了，有利无弊，如果一开始 P2P 就是这种态势，肯定不会有今天的市场影响力。

P2P 网贷的春天，不远了

P2P 网贷的春天有多远，也不远了，刘侠风特别看好 P2P 行业，P2P 最后名字是不是叫 P2P 也不重要了。

他讲道："拿我们自己来讲，可能十来年前，我们钱包最主要是钱，几张卡；现在可能钱越来越少，卡越来越多；大家想过没有，到我们的小孩，他们所有的购物行为、消费行为肯定通过网上进行，其实我们这一代已经快要实现了。

"以后的 P2P 肯定不是今天说的这种形态，这种东西肯定是相当于十年前的电商，相当于马云跟你推销阿里巴巴的电商，那时候你感觉电商没有技术含量，我的水果在门口卖得好好的，为什么在你的网站卖，我不知道网上是人还是狗，我给你钱了，你寄假货怎么办。现在再想想，那些拒绝阿里的人，如果没转型，现在死得差不多了。

"很多人说，不就是做高利贷吗，只是在网上而已！可能是的，他们说的大数据，确实有很多水分，很多传统业务搬到网上去，大家拿电商比较一下，眼光往后放十年，到 2026 年，等征信体系完善了，金融形态肯定跟现在不一样了。"

"很多东西需要时间积累，到时候可能就是临门一脚的问题。"刘侠风表示，"我们现在很多传统金融机构做的事情已经跟十多年前绝对不一样，像中信推出一个公积金的网贷理财产品，对互联网的影响不是工具式的影响，是对大家生活方式摧枯拉朽式的"。

贷收放到自己可控范围

关于平台策略，刘侠风说："我 2015 年定的 KPI，每个月不允许超过两个亿。大多数公司这个月两个亿，下个月三个亿。我们想办法把量控制在两个亿。我们 2015 年一个月做到了 1.9 亿，怎么控制在两个亿？我十分粗暴地降利息。一个月产品给用户 18%，当时的市场环境很正常，现在一个月给用户 9.2%，降了整整一半，现在成交量 2.1、2.2 亿左右。我们今年的目标是贷收不做大，今年不是越大越好，特别是金融，不会说大而不倒，倒而不死。死都不知道怎么死，还是要把风险放在自己能控制的范围内。"

此外他还提到："这边地标用户黏性比较好，我们整个地标团队 30 个人，运营成本管控也是十分死，推广成本从来没有超出 20 万，这个是我们给自己定的战略。营销来的用户就好好做，不光把用户喊过来，还要想办法把这些用户盘活。我在地标一方面做总裁，另外一方面做兼职的客服。我们这种量的平台，老板与其经常抛头露面，还不如把客户伺候好。"

用户管理精细化

刘侠风说："用户流失是一个很正常的现象，像我们喝水不可能一直喝一种，也会喝别的水。首先要简单地分类。一类是流失的用户是羊毛党，它流失是必然的。另外一类是，一个本来一直买你产品的用户，忽然流失了，我们也需要想一下为什么流失。用户走的时候，一定不要为难用户，这一点非常重要。来的时候，鼓掌欢迎，走的时候，愁眉苦脸，大可不必。"

"如果是羊毛党用户，他走是必然。如果用户急着用钱，拿这个钱改善生活了，之前他的体验是好的，这个用户肯定会回来的。"

"如果因为自己平台降息，用户流失的话，就需要动脑子。整个降息肯定是行业发展必然趋势。另外，越小的平台，越不正规的平台，越有问题的平台，给出来的利息可能越高，对很多用户来说，越有吸引力。两年来整个市场环境，可以说 P2P 理财市场这边，骗局层出不穷。很多骗子设计的产品可以说天衣无缝，特别骗那种中老年人，一逮一个准。这就是当下流行的说法，总有一款骗局适合你，我们要防止这样的骗局。"

关于用户管理，刘侠风做到精细化，用户追踪这一块，大额有追踪，小额不会追踪，精细化管理就是把用户分几个级别，例如一个级别是十万以内，另外 10 万到 100 万，再一个就是 100 万以上。分几个级别精细化管理，每个层次的人可能需求不一样。刘侠风表示："像首批 100 万以上用户群里面基本不会有问题，他们说话相对比较专业，这种投资人除非是帮我管钱的这些人，其他人拿出几百万做 P2P，要么是公司高管，要么是行业精英，可能平时聊天的内容频次跟十万以下的截然不同。而一万以内的投资人，你会发现他们钱不多，但问题很多，很麻烦。比如一个平台提现要收两块钱手续费，100 万以上的用户从来没说这个要免掉，一万以内的，他就会跟你算得特别精细。"

初创型的 P2P 平台要赶紧找"干爹"

在当下的市场环境下，今年新做的公司，刘侠风表示，第一赶紧找"干爹"，这个很重要。第二，把自己各种东西尽可能规范化，别想着打擦边球了。两三年的平台，他给大家定的三年发展规划，力求规范，在今年监管出台能够活下去，今年初创的平台，肯定不是盲目上量。

刘侠风称："融资成本这一块，我们看到一个发展趋势，你不能光看现在的成本比银行高。这个必须比银行高，因为你服务的客户是银行筛选过的客户，P2P 也好，互联网金融也好，就是服务银行不要的客户。他的融资成本一定比银行高。我们看到一个趋势，2007、2008 年红本抵押在深圳的做到多少，现在降到了多少，可以看出这个融资成本往下降，这个趋势是好的。羊毛党的问题，因为规则有漏洞，你自己不解决，就只能等着羊毛党帮你解决，这个没办法。"地标现在一个月成交量两个亿，注册用户才十万，他们投资用户 1.8 万，转化率 18%，可能比很多公司数据好看一些。刘侠风就从来不搞羊毛党的活动，因为他认为：不需要给董事会看注册用户量，不需要给他们看到转化率，产品上杜绝。

信任不是一朝一时，要慢慢积累

要得到客户信任，让他信任你的品牌是很困难的事情，那在这三年时间，刘侠风是怎么让客户信任，怎么实现这种信任的？

刘侠风讲道："我们用户口碑还是很好，现在基本靠老带新，也没给老用户什么，比如现在端午节送粽子，我们从来没做过这些，我们最多每年送台历给他们，投资十万以上送台历，后来好几个用户跟客服反映，能不能送三本，要送朋友。信任不是一朝一时建立的，肯定是慢慢积累的。对玩金融的公司，这种诚信是必备的，就像谈恋爱，日久见人心。"

（本文作者：陈彬娜；采写时间：2016 年 5 月）

农泰金融 CEO 张博文：农村金融的拓荒牛

在深圳大冲商务中心 22 楼，我遇见了本文要专访的主人公，农泰金融 CEO 张博文，一位平易近人的金融才俊。他的办公室简洁而明亮，窗外可以俯瞰深圳湾。简单的寒暄后，我们便切入了正题。

从银行跨界互联网金融

在创办农泰金融之前，张博文在银行工作多年。当问及为何要做互联网金融时，他说，在银行时工作时会接触到很多行业，接触行业多有个好处，就是对各个行业的属性都会比较了解，经历的行业周期性也多。

张博文

"在银行工作经历中我比较看好两个金融细分领域，一个是农业，一个是不良资产。农业市场空间巨大，是一个很有发展前景的行业，其他行业周期性太明显，从顶峰到一文不值常常很快。另外一个是不良资产，不良资产里其实有很多好的资产，只是很多人不会处置。"张博文说。

农业作为我们的第一产业，是社会发展过程中相对落后的一个行业，无论是科技发展、金融服务还是人才建设，发展都相对滞后。但是农业发展前景不容小觑，有很大的市场空间可以挖掘。据数据统计，2015 年我国"三农"互联网金融平台规模为 125 亿元，到 2020 年预计将达到 3 200 亿元。

农泰金融于 2015 年 12 月正式上线，平台一方面为广大投资者提供安全可靠、较高收益的投资理财服务；另一方面又为中国"三农"产业链提供一个低成本、高效率的融资渠道。迄今为止，平台线上成交额超 13 亿元，注册人数 16 万以上，坏账率为 0，这在互联网金融平台中是不多见的。

农泰金融正是站在互联网金融的风口上，通过金融手段，助力农业产业兴荣，帮助农民生活富裕，这也是农泰金融创立的初衷，张博文说。

身在一线城市　却深耕农业市场

在北上广深一线城市工作的人，可能鲜少关注农业的发展。甚至可能有些来自农村的人对自己家有多少亩耕地，每年会种点什么，一年能挣多少钱，开销主要在哪些方面等问题都答不上来。其实农业的发展，和我们每个人都息息相关，我们的衣食住行，都离不开农业。

作为农药上市第一股——诺普信为深耕农业市场精心打造和布局的又一家旗舰企业，农泰金融希望通过金融的手段，助力"三农"，大力发展健康绿色生态农业。所以农泰金融的借款项目，主要用于农资经销商、零售店、种植大户采购农药、化肥等用途，单个借款项目 1 万 ~ 100 万元，有担保人提供连带责任担保，平台每一个标的都能清晰地看到借款人的相关信息，确保标的来源真实可溯。且借款人接触不到资金，资金通过农泰金融委托第三方打款给借款人的上游厂家或经销商，用这样一种闭环的原则去做风控，就保证了资金使用的针对性，专款专用。

谈到平台的业务模式时，张博文说，农业的开端是生产，通俗来说就是"种地"，在这个过程中，农民可以不买手机，不买家用电器，但农药、种子、化肥等农资对农民来说却是必需品，农泰金融就是从这些生产资料切入的。

"我们之所以选择和上市公司、国资企业合作，主要是为了保证他的历史交易数据有据可循。在这样的基础上考察借款用途与金额，安全系数就高很多。再者，农资行业有一个根深蒂固的问题就是赊销，农户通常是先赊账购买农资，用完之后发现效果好，年底再付钱。而农泰金融就希望通过互联网金融的手段，改变这种农资行业长期以来的赊销现状。"

"我们的股东之一诺普信植耕农业市场 20 多年，掌握了大量农资行业真实有效的交易数据，从厂家到经销商，再到零售店、种植户，他们每年购买的农资数量、购买金额、赊销情况、有无技术专家辅导等，整条线上的数据我们都掌握得很清楚。除了诺普信，目前我们也正在和史丹利、隆平高科等 48 家上市公司、国企合作，农泰金融正是基于这个链条参与进去，用互联网金融的手段助力三农产业。"很明显，对于农业市场，农泰金融有着天然的优势。

"互联网＋金融＋农业"的模式

对于"互联网＋金融＋农业"的模式，张博文表示，普通种植户可能一开始不太了解这种金融模式，这就要求我们做好引导。对于经销商而言，种植户贷款的金额是直接打到经销商账户中的，而贷款的放款时间是可以根据经销商的需求来确定的。理论上来说，经销商承担的利息最少可为一个月的利息，而这一个月的利息也可以和零售店协商共同承担。经销商以极低的贴息成本实现了现金流的畅通和现款交易，缓解了资金压力。"这样一来，经销商的农产品销售渠道就打开了，服务更好，风险也更低，而且还能收到现金，所以就会自觉引导农民用这种模式。同时，现在农户很多都是规模化经营，投入的成本也很大，包括滴灌设备、水渠、人工、地租、仓储等，所以这种大型基地农户对资金的需求是非常旺盛的，他们种植水平高，都是采用先进的高科技技术种植，不需要我们去引导，自己就会去找融资渠道。"张博文对这种商业模式非常看好。

关于借款人的利率问题，张博文表示，农泰金融的利率是行业的正常水平。"众所周知，因民间借贷的便利性，农村的民间借贷比城市更为盛行，利率一般在18%～20%。通过多年的数据积累，我们对农户的利润情况是比较了解的，和农泰金融合作，比他们一次性向厂家采购化肥、种子、农药等农资产品要划算很多，所以我们的利率农户是很乐意接受的。"

自出任农泰金融CEO后，张博文经常参加农业方面的经验交流会，从农业部组织到各省的农业厅、各地政府组织的都有。他说："长期的经验交流中发现，分管农业的官员大部分工作都是在'找钱'。他们找到资金的融资成本往往比我们高很多，我们的数据来源和获取手段都较多，信息来源可追溯，对客户尺度的把握会更加精准，所以在灵活性、便捷性上，我们会比传统金融模式更好一些。"

张博文还表示，目前很多地方农业官员非常认可农泰金融的模式，有些地方政府也愿意把补贴拿出来做担保。比如，借款人真的还不了，政府给他补贴，就会成为第二还款来源。现在国家和地方政府都提倡建立大数据，对于农泰金融来说，只需要把这些数据具体化、系统化、信息化。

"从国家和政府方面来说，这是好事。对于农民来说，农泰金融不仅提供金融支持服务，还联合了厂家，共享优质的产品和先进技术。比如说控制风险，肯定希望农产品品质越高，销量越多越好。我肯定帮助联系大的企业，如果是种大豆的，我们联系收购企业帮你消化大豆，这样对农民来说是好事，从各方面来说都是好事。"张博文对公司未来的发展显得信心十足。

对于公司在发展过程中遇到的问题，张博文坦言，农业的季节性波动和优质资产的获得是目前遇到的最大问题。另外，"三农"作为国家未来扶持的大方向，竞争将会越来越激烈。以互联网金融平台为例，在全国2 000多家正在运营的互联网金融平台中，尽管专注于"三农"互联网金融的平台目前不到10家，但已经陆陆续续有资本进入这个行业，竞争将会逐渐加剧。

农村金融的拓荒牛

很多人认为，"三农"金融具有风险高、周期长、成本高等问题，因此发展困难。

对此，张博文表示，"吃得了苦，才能落得了地"。做农业的地方，交通通常不太便利，是很多人不愿意去的地方。他认为，做传统农业渠道，一定是要很能吃苦，也一定要了解农业的特性。农作物多是以大田作物和经济作物为主，冬天作物和秋天作物、沙地和黑土地的特点都是不一样的，差异性非常明显，所以要对全国的地理、土壤分布和专业性比较了解。看来，张博文对农业的情况已然了然于胸。

对于农泰金融的风险管理，他介绍，风险管理主要有四点：

一是借款客户的准入门槛。农泰金融客户有很多特点：信息对称，获得信息透明，和上市公司合作三年以上，业绩排在当地前三名，销售的产品利润有保证等等，综合起来会排除掉大部分客户。

二是道德风险。我们要求借款人家庭必须完整，征信记录良好，没有官司缠身等。

三是专款专用。农泰金融借款人接触不到贷款资金，资金直接打给销售农资产品的销售商或厂家，保证了资金使用的去向清晰。

四是特色化处理。因为农业在地域性、特色化上的多样性，所以我们的风控需要根据当地差异化打造一个完整的闭环。

在提到团队管理方面，张博文说，"三农"金融属于新兴行业，大家进入这个行业最重要的是要脚踏实地，真正参与农业的生产、生活。比如我们的市场人员都会去农村蹲点，调研、了解客户。另外，企业的整体氛围是学习，坚持学习，敢于尝试，敢于试错，要有信念。互联网也是个逻辑思维方式，是个方法论，都要像年轻人一样有好奇心，不在于年龄大小。

最后，对于目前的互联网金融投资者来说，张博文寄语个人投资者：投的平台和产品是有逻辑的，链条清晰的，资产来源不明的平台不要去碰。

（本文作者：戴刚勇；采写时间：2016 年 8 月）

爱健康金融 CEO 黄斌：从股权投资转战互联网金融

　　黄斌，2007 年大学毕业，创业三年，2010 年进入高特佳投资集团杭州公司，2015 年任高特佳旗下爱健康金融公司 CEO。对股权投资、债权投资、互联网金融有着独到的见解。

　　采访黄斌是在一个雨后的下午。雨后深圳的空气显得格外清新。高特佳总部的会客室，看着窗外后海的风景，我聆听黄斌讲述爱健康金融创立的故事。

黄斌

从股权投资转战互联网金融

　　2007 年大学毕业，经历了三年的创业折腾后，黄斌参与创立高特佳投资集团在杭州的子公司。从管理公司组建，基金发行募集，项目直接投资，投后管理退出等全环节参与，1985 年生的黄斌用五年时间积累了丰富的股权投资经验。

爱健康金融是高特佳公司内部创业项目，黄斌是推动项目最终成型的创始人。当时，他只身一人从杭州来到深圳，组建了爱健康金融平台。

从杭州到深圳，坐飞机是两个小时的时间。黄斌一个人从高特佳杭州公司出来，并搭起来一个完整的队伍。那个时候，他发现 P2P 领域很少有同行具备的核心能力。

问及当时是怎样的勇气从杭州到深圳来组建一家公司时，黄斌坦言，杭州、深圳两个城市环境都很好，经济充满活力，当遇到一个机会挑战自己的时候，就应该毫不犹豫。他说："我们想去做的事情就是对某个行业有真正的价值，我们发现可以通过这样的模式服务整个大健康领域，后来发现这个模式对整个创投领域的价值都很大，爱健康金融就是这样做起来的。"

言谈中，黄斌对爱健康金融组建的历程娓娓道来，从股权投资转战互联网金融，应该下了很大的决心。他表示："看了两年的互联网金融，高特佳当时是很想在这个领域布局的，而且我也看了两年各个类型的项目。"

"有时跟爱健康的用户开玩笑说，爱健康金融是绝不会跑路的，为什么呢？因为这个事情对于高特佳来讲是太小的事情了，就像恒大金服不会跑路一样，家大业大摆在那里。我可能是少数希望这个领域越坏越好的，我指的越坏，不是说这个行业不行了，而是说这个行业形式越严峻越好，管得越严越好，一些犯错的、犯罪的，该如何惩罚就如何惩罚。很多人的逻辑是，把规模做起来，前面犯的错可以在后来洗白，或者把漏洞补上，希望这个资本市场能来买单。"

黄斌认为，大部人并没有能力驾驭这么大自由度的巨额资金，所以监管严格是很必要的。"银行托管资金流向都是很有需要的。我们是真正想用互联网金融去给创投这个行业去做贡献，从服务高特佳开始，到现在正在开拓的其他几个合作机构，这个我们是可以给创投行业带来很多帮助。"

"双创"大环境下的爱健康

目前，中国经济面临着转型升级的局面。"大众创业、万众创新"激发了千千万万中国人的智慧，把人们的积极性更加充分地调动起来。随着国家简政放权、深化商事制度改革等一系列政策措施加快落实，全国各类市场主体数量持续快速增长，市场活力进一步迸发。今年一季度全国新登记市场主体 301.1 万户。"互联网 +"和新兴服务业市场主体增速明显加快,互联网金融公司更是蓬勃兴起。

黄斌说,从大面积的角度来讲,双创的这个大格局下面,国家一直在试图解决那些小微企业、高新企业在早期的融资问题。而实际上银行在服务这类中小企业时有所局限。这个时候有投资机构愿意为你来买单,愿意为你做担保,那么就可以用社会流动资金来弥补需求。爱健康金融就是在这种大环境下应运而生的。

2015 年 5 月,爱健康金融在深圳上线。

爱健康金融是国内创投系互联网金融平台的先行者,接受高特佳投资集团种子期投资并深度孵化的互联网金融平台,凭借团队在该领域的丰富经验,从大健康领域开始探索,满足从业人员、优质企业、投资机构多层次的投融资需求,在股权投资募、投、管、退各基本环节中寻找优质的债权标的物,利用专业稳健的价值投资理念和合理安全的交易架构设计,为投资人创造风险可控、收益可观的债权投资机会。

刚成立爱健康金融就接受高特佳投资集团 1 000 万元的种子投资。黄斌说:"爱健康一直都在寻找资产端的独特模式,能够补充传统金融一直没有做的,是一种新的模式。爱健康金融主要是对两个大行业的补充:一是服务大健康领域,二是服务创投行业。

"我们平台上两类人的心态是不一样的,投资人和担保方的心态是不一样的,担保方希望能够有机会低价拿到股权,包括基金份额等传统金融没办法认定价值的质押物,但是机构本身能认定的。而投资人的出发点是很简单的,每个月能收到还的利息,到期收回本金。"

独特的运作模式

对于爱健康金融的运作模式,黄斌表示:"平台的起投金额都是一万元,而且大部分收益也就 6% ~ 9%。在所有的 P2P 平台上,我们的起点是最高的,我们服务的基本还是高净值客户,很大一部分是之前有在做股权投资的。"

他说:"投资机构很少能满足债权层面的需求,但在这个时候你估值低一点,质押给投资机构,对企业创始人来说是愿意的,因为他计算过是能搞定这笔钱的,股权拿得回来。对机构来讲,我们什么都没付出,我给你做担保帮你拿到钱。万一还不起钱,投资机构可以帮你还钱,把股权拿过来，相当于一个股权投资行为。这样做对投资机构和企业都是有好处的。

"股权融资的比例在中国还是偏低。黄斌表示目前要做的往大了说就是如何把股权投资能力和债权连接起来的概念，把债权的刚兑嫁接到了股权的非刚兑上面。"所以我们的标现在放上去就是被抢的，投我们的不仅有个人，投资机构也在投我们，在我们平台上借过钱的企业也在投我们。我们没有在之前的网贷用户上做过文章，我们有很多原来做股权的用户，他基本上有五倍到十倍的资金在做固定收益，所以这个时候我就能满足他们的这部分需求，我们的起投门槛是一万起，用户很多都是从十万、百万的开始投。"

对于这个行业存在的薅羊毛的现象，他说："在我们这里是不担心羊毛党的，因为羊毛党在这里的代价太高了。爱健康的用户很少，活跃度却很高，不管是新标还是转让标放出去后，很快就会被抢光。还有一点，我们平台上的用户持续可投资能力是很强的，大部分都是高净值客户，有标他们会不断地投。"

投资风险与风险定价

目前，高特佳作为母公司，给了爱健康金融全方位的支持。作为高特佳的内部孵化项目，爱健康被允许大胆去尝试。高特佳把所投资的企业开放出来。所以企业再进行融资，就可以和企业的合伙人进行沟通。爱健康依托高特佳的平台，从服务于高特佳投资的企业中积累了大量处理复杂情况的经验。

对于怎么看待投资风险的问题，黄斌表示，当一个企业刚刚接受一个投资机构投资的时候，是不存在风险的，因为每家机构投资一个企业的时候，有其逻辑，所以这个时候机构的投资逻辑是不需要判断的，只需要判断机构的信用度，机构本身在你的白名单里，不必去怀疑投对了还是投错了，因为投错了本身也是在他的预料范围内，只需要他基于债权方面的法律关系能够清晰，能够确保权益执行到位。

爱健康金融平台推行的产品年化收益只有6%~9%，而P2P行业的平均年化收益有8%~12%。平台收益并不高，如何在这个行业获得生存发展？黄斌说："我们还有一个债权转让，我们甚至会咨询跟我们关系比较好的用户，能不能转让一点出来，因为还有很多小的投资用户在等着。甚至现在6%放出来也会被人抢，因为投资者明白为什么有些平台利率高，我们平台利率会低，这中间是有风险定价的。我们平台是没有风险定价的，因为结构上基本意味着没有本金安全风险。不过我们有阶梯收益，是根据投资多少而有不同利率差别。"

对于从大健康领域开始探索业务模式，黄斌表示，爱健康有很好的优势，医药行业有着独特的价值。举个不太恰当的例子，比如某个知名的企业所有管理层都玩去了，消失一年，周游世界，什么业务都不干，第二年回来干，它照样很快能值回那么多钱，这中间有很多品牌、药号、注册号、配方、销售渠道。这是在别的行业难以想象的。再者高特佳在大健康领域有很强的价值再造能力，一旦高特佳看好了某一个企业，过去很多案例可以证明我们能让所投企业的价值更大化。

每个企业有它的优势也有它的短板，高特佳作为在大健康行业生态的布局者，可以把不同的优势不同的短板放到一个合适的组合上去。

传统金融与互联网金融的关系

对于如何看待传统金融和互联网金融的关系，黄斌说，第一，互联网金融一定是作为传统金融的有效补充，肯定不能替代传统金融，不管是从国家意志、政策来讲，还是从服务能力、实力来讲，都替代不了传统金融。那么这就意味着，我们要去做传统金融做不了的事情。第二，互联网金融一定是作为生态的补充，从来没有一个行业像互联网金融那么明确，不管是传统巨头也好，还是互联网巨头，都在布局。他们的逻辑是他们发现自身的生态发展到一定程度之后，就需要互联网金融作为一个出入口，让他们能够在线上全部爆发出来。所以这可能就会导致一个错觉，互联网金融特别热。

黄斌表示，目前，在P2P领域里面很早就没有普通人创业的机会了，可能接下来有些监管上的、政策上的限制，开个业都会觉得很难。基于模式上的创新也是很难有机会了。

关于爱健康目前发展过程中最大的问题，黄斌毫不讳言地说，最重要的是市场培育。"我们做的事情一个是股权，一个是债权。股权归股权，债权归债权，原来各自在各自的领域做得挺好的。现在有些债权做久的人会想去做股权，有些做股权的人会认为债权的市场很大，但是彼此毕竟不是主业。高特佳内部所有的合伙人，所有的投资经理，在投资过程中并不能自动生成债权业务，他需要主动去挖掘。比如团队期权认购这方面，很多人在公司很小的时候，是有资格能够认购的，但是放弃了。很多失去机会的原因是什么？一是没有钱，二是没有胆量。现在公司可以帮你借，利息在可以承受的范围内，这就给他们提供了一个帮助。所以我们是需要市场培育的，我们现在需要告诉所有的投资机构，合伙人你们可以在投资方案设计中用上一些债权的综合方案，但是在实际操作的过程中，他们要用的时候需要契机。"

以合伙人的心态管理公司管理员工

目前，爱健康金融的员工不到 30 人。在管理团队过程中，黄斌把每位员工当作创始团队、合伙人、搭档。在公司层面不考虑任何人际上的关系，就事论事，事情是什么样就是什么样，不去考虑人层面上的因素。他说整个沟通是一个平等的沟通，没有层级的沟通，是点对点的沟通。这非常适合创业心特别强的人。

谈到爱健康未来三年的发展规划，黄斌表示：第一，把所有大健康领域的投资机构和企业全部服务到位。第二，基金的 LP（有限合伙人）和基金的管理人是可以互推的。GP（普通合伙人）可以告诉 LP 你的份额可以质押给我，你可以借钱。LP 也可以告诉 GP 想要把我的份额质押给你，你帮我解决资金需求。第三，提高市场培育，让大家逐渐接受这个概念。第四，打破服务界限。很多人觉得爱健康是不是只服务高特佳，是不是只是高特佳的分公司或子公司？以后我们要做的就是把这个界限打破，扩大服务范围，把不同的机构引过来，肯定不是只服务高特佳一家公司，而是为行业服务。所以不管在业务上，还是在股权架构上，爱健康都是一个很开放的姿态。

对个人投资者的建议，黄斌表示，投资和理财中，常识很重要，没有说不清楚的金融产品，所有的风险收益都是用逻辑能解释的。这不是赌博，没必要相信运气。

（本文作者：戴刚勇；采写时间：2016 年 8 月）

汇通易贷董事长黄平：如果重新选择，打死我也不做 P2P

黄平

人物简介

黄平，1972 年生，四川眉山人，汇通金融（集团）董事长。之前曾先后在房地产中介、保险行业、担保行业任职。2011 年创办汇通易贷，任董事长。

企业简介

"汇通易贷"隶属于深圳市汇通电子商务有限公司，上线于 2011 年 10 月，累计成交量已突破 17 亿元，共为用户创造了 5 855 万收益。2014 年，深圳市汇通电子商务有限公司在前海股权交易中心正式挂牌（股票代码：663558）。

核心提示

透明的玻璃墙外是起伏的山体，在车水马龙、高楼林立的深圳，办公室外能有如此景致是非常奢侈的。主人黄平背对着玻璃墙给客人沏茶。因为背着光，所以我看不清他的眼神和表情，这是我很不习惯的访谈环境。我习惯盯着对方的眼睛。倒不是我不相信对方，而是盯着眼睛，可以让对方说话更严谨一些。

一个多小时的闲散问答，最终让我一颗悬着的心落了下来，黄平不是一个习惯说谎的人。作为一家老 P2P 平台——汇通易贷的董事长，他并不回避汇通易贷的问题。我由此发现，汇通易贷是一个各种矛盾的结合体。但在中国数千 P2P 平台里，汇通易贷不是个案，而是普遍现象。

引进真正的第三方担保

问：我通过媒体报道，了解到汇通易贷今年做了很多合法化的尝试，您能否梳理一下做了哪些具体的工作？

黄平（以下简称"黄"）：自 2015 年 7 月份，人民银行等十部门联合发布《关于促进互联网金融健康发展的指导意见》（以下简称为"指导意见"）以来，我们就在做这方面的工作。汇通易贷是一家老平台（于 2011 年上线）。我做了四年，一直在探讨合法化问题，按照现在法律架构，P2P 所做的很多事情还是非法的。虽然李克强总理力挺互联网金融，国家层面也鼓励金融创新，但要等到国家层面改变现行法律，出台最新政策，也没那么快。这次融金所事件（作者注：2015 年 9 月 7 日，融金所 18 名中高层管理人员因涉嫌非法集资被深圳经侦队带走。）也给整个行业敲响了警钟。所以大家都在思考怎么运营才是合法的。一些平台引进国企或者上市公司，有他们做背景，至少生存能力增强了，公安不上门了。但是否合法则不一定。

汇通易贷走的是另一条路，是从运营模式上进行合法化改造。一是坚持平台中介化，即"去担保化"。8 月份，我们与中国人保在车贷类履约保险方面开展了合作，由中国人保对汇通易贷平台上的汽车抵押债权进行履约担保。也就是说，如果汽车抵押债权的债务人不能及时还款，中国人保可以赔付投资人七八成的本金。

问：是投资人购买这个保险，还是平台购买？

黄：是平台，平台扮演债权人角色。平台安全了，投资人的钱也就安全了，至少七八成是安全的。8 月份以来，我们已经购买了上百份履约险。一年以上的长期标才购买。这样就变成第三方担保了，一直以来，我们是自己对自己担保。

但这项工作我们没做宣传，还在调整合规。因为平台不是放款人，不是真正的债权人。所以我们计划成立小贷公司，只有小贷公司，或者典当行、商业保理公司，甚至融资性租赁公司才有放贷资格。

"指导意见"要求 P2P 网贷"去担保化"，我觉得购买履约保险是一个比较好的做法。

问：据了解，一直以来与汇通易贷合作的担保机构是深圳汇丰担保有限公司。而汇丰担保和汇通易贷是关联公司。

黄（笑起来）：汇丰担保确实是我们集团（作者注：指"深圳市汇通电子有限公司"）下属公司。这样担保，确实不是真正意义上的第三方担保。

我们在汽车抵押方面，和中国人保开展的合作，属于第三方担保，但这也是迫不得已。一是政策要求，二是满足投资人的第三方担保需求，三是有利于公司的长远发展。其实，我们做的汽车抵押和房产抵押都是优质资产，一旦借款人违约，是很容易变现的，尤其深圳房价这么高。所以只有当"汇丰"不具有担保能力了，我们才会引进第三方担保。

问：汇丰担保并非融资性担保公司，它可以对汇通易贷平台上的项目进行担保吗？（作者注：P2P 平台的第三方担保公司可分为融资性质和非融资性。就注册资金来说，非融资性担保公司只要 50 万以上，而融资性担保公司一般要四五千万甚至一亿以上。前者除了咨询业务和中介服务，不能开展其他任何担保业务，而融资性担保公司则可以开展各种融资性担保业务。）

黄：并非只有融资性担保公司才能担保，所有担保公司都可以做担保。

问：数据显示，汇丰担保已经出现超额担保的情况。

黄（笑起来）：左手给右手担保难免会出现这种情况。但我们具备资金垫付能力，深圳的房产价格这么高，我们处理掉一部分资产就会有很大一笔收入，完全可以覆盖可能出现的风险。我们成立四年来才产生三百多万的坏账。这层办公楼的一部分（作者注：指深圳卓越城的 14 楼）是我买的，已经涨了 2 000 万元，2 000 万也能烧一段时间。我们做生意没赚钱，买房子倒是赚了钱，所以还是很有信心的，平台是非常安全的。

问：在 P2P 网贷行业，左手担保右手是非常普遍的现象，但几乎所有平台对此都讳莫如深，只有您这么坦诚地谈这个话题。为什么呢？

黄：这和我这个人的个性有关。我是做了什么就说什么。到我这里来永远都能听到真话。其实，你是骗不了投资人的。投资人比你更厉害，会把你扒得一清二楚。我做了什么就说什么，告诉投资人这是历史原因，经营需要，也有政策障碍，迫使我这样做的，不是我想骗你。这样说，也许能取得投资人的谅解和好感。

用户资金，或将实现真正的第三方存管

问：汇通易贷与中国人保还有哪些合作？

黄：还有更为全面的合作，如账务安全险等，假如投资人在平台上的账户被盗，由人保赔偿。

问：汇通易贷投资用户的资金是在第三方托管平台吗？

黄：我们投资人的资金在我们的平台账户上，没有第三方托管。不过，我们正在与平安银行探讨新的存管模式，如果不出意外，10 月底或者

11月初就能出来。按照"指导意见"的要求，用户资金存管于银行，但技术上还要与第三方支付平台合作，因此存管成本将大幅增加。所以，我们与平安银行、经侦等部门一起探讨出另一种存管模式：比如现在，我们的用户必须先向汇通易贷的账户里充值，再投标，汇通易贷就形成了资金池；而在新模式里，投资人先投标，后转账，而资金是直接从平安银行转给借款人，省掉了第三方充值环节。

我们希望在行业监管细则出台前闯出一条新路，在行业里得到推广后，获得政策认可。这将是这个行业最大的突破，但这也是一个大考验，用户体验比较差，因为每一笔都要转账。不比现在充值后，点击一下就可以交易。如果只有我们一家这样做，很难获得投资人的认可；如果整个行业都这么做了，就公平了。

这样，资金托管问题、资金池问题都解决了，虚假标我们早就没有了。信息透明化方面，我们将按上市公司的标准进行披露，部分财务信息将在《中国证券时报》上公布。

问：汇通易贷2011年10月就上线了，这几年中，大多数平台都进行了资金的第三方托管，汇通易贷为什么坚持不做这个工作？

黄：首先托管费用高，其次，那不是真正的托管，用户资金一样可以被取出来。

问：通过发假标的方式取出来吗？

黄：如果通过做假标的方式取出来算是很好的了。更多平台可以直接把用户资金取出来。到目前为止，第三方托管模式里，P2P平台一定是碰钱的。所以现在的第三方托管，既增加了成本，又没有什么实质意义。而我们要减少一切可以减少的成本，才能走得更远。

减少一切不必要的成本

问：很多平台把第三方托管作为宣传重点，对于获客有很大帮助，你们为什么不这么做呢？

黄：我们营销做得很差。之前运营成本非常低，整个公司运营成本一个月几十万元，包括所有人员工资，根本不做广告。2014年统计过一次，之前三年营销投入总共不到30万元。CEO陈海强来了后，今年下半年才开始营销，每个月拿十几万元做营销。

我一直认为未来是拼资产的。我更重视资产端，但资产端也没做起来。资产端上不来，资金端再多也没用。投资人想投资，但我没资产，我不做就可以了，这个不丢人。但如果我没有资产端，却把投资人的钱用在别的地方去了，当投资人跟我要钱的时候我没钱了，那我就完蛋了。我们没做什么营销，是出于成本的考虑，因为我们的商业模式还没建立起来。我只想走得更长一点，不做一切增加成本，又没有什么实际意义的事情，包括电子签名等。

这个行业还在发展初期，初期不一定是做得很大就最成功。现在很多人说，P2P 根本不挣钱。怎么能赚钱呢？金融行业把款贷出去了，利润、风险都是后置的；又要在营销上大把烧钱，那现在烧的是谁的钱呢？肯定是投资人的钱。仅从操作层面讲，稍不注意就会引发资金链断裂。

2013 年以前的老平台都是踏踏实实做出来的。2013 年以后成立的新平台是靠营销烧起来的。

问：汇通易贷的资产端为什么一直没发展起来？

黄：我们目前只有汽车抵押贷款和房地产抵押贷款，这两个产品在这个行业同质化严重，竞争性很大，所以想要做大很难，除非像某些平台在全国各地开分公司，普遍获客，资产端很快就上来了，但如果公司风控水平、贷后管理能力跟不上，组织越大，利润越小。而且我认为，互联网金融不能倒过来，像银行那样到处开门店，管理成本大增，漏洞也比较多，到处都有贪污的情况，在发展初期很容易资金链断裂。汇通易贷是草根平台，管理不在行，所以慢慢摸索，慢慢引进人才。

问：作为 2011 年成立的老平台，比起众多新平台，发展是相当慢的，有没有压力？

黄：说没有压力是不可能的，但压力不是来自后起之秀，而是资产端的竞争，各平台、小贷公司都在竞争优质资产，泛同行压力确实比较大。有压力也是好事，我们不一定要追赶人家，我们现在在商业模式上的改变，都是为了走得更长一些。公司合法化建立起来后，也会进行资产端的宣传；我们还可能自己组建融资性担保公司、典当行或者小额信贷公司等，扩大资产端来源；我们现在的资产端主要只在珠三角，未来也会扩展到长三角、长沙等地；再把现有的汽车抵押贷款和房产抵押贷款做得更专一些。

问：我注意到汇通易贷发展四年来，累计成交量为 17 亿元，今年就增加了 6 亿元。为什么今年出现大幅增长？

黄：我们去年在珠三角拓展分公司，今年初，又和小额信贷公司合作，引进资产端，所以今年业务就稳定了一点。但我认为做得还是很烂。

我们的 CEO 陈海强说，明年每个月交易要过 10 亿元，要成为全国前十。我们将会开发保理资产、典当资产，还帮基金公司卖基金、信托产品等，与其他公司有更多合作。这是陈海强的目标。

问：您在公司管理方面很放权。

黄（哈哈大笑）：我不会管理。把陈海强这样的高管引进来了，我就很闲，我就给大家泡茶。

追到天涯海角也要把款追回来

问：汇通易贷逾期坏账情况怎样？

黄：我们产品单一，汽车抵押贷款和房产抵押贷款在这个行业做了好多年了，前期调查、风控等没多大难度。而我们的催收在整个行业是非常得力的。今年 6 月份统计 2011 年到 2015 年 6 月，我们的坏账仅为 392 万元。当时交易额超过 15 亿元。我们有三级催款制度，业务员、分公司、总公司，借款人三天不还款，分公司必须处理，十天不还款总公司出面处理。不是我们能力大啊，而是反应快，把投资人的钱当作自己的钱。我个人的性格就是这样的，宁愿花 10 万元把 10 万元追回来，最终还是亏了 10 万元，但也不让借款人好过。

我们曾派四个人去黑龙江追一台车，四个人机票等差旅费花了好几万，追回来的车只卖了 8 万元；我们还去福建追车，被警方以为是偷车的，警方一查才知道是怎么回事。所以我们不计成本地追款。这样做，给业务员形成压力，他就会告诉客户是躲不过的，也给提供资产端的中介增加压力。

但现在很多平台不管坏账。他们做大存量后，用以后的存量去填之前的坏账。传统银行都是这么做的。但我们不这样做。

我们的贷后催收部门已经公司化了，刚成立了一家公司，除了为汇通易贷催款，还跟中国人保、平安银行，以及两家同行签了催款协议。之前，有些同行都是我们帮忙催款的。

问：您之前做过房地产、保险等行业，2011 年为什么想做 P2P？

黄：我是从红岭创投出来的，要不然也没这个眼界。不过现在让我重新选择，打死我也不做 P2P。心累，太累了。这个行业不规范，走在法律的边缘。

问：国家层面出台了《关于促进互联网金融健康发展的指导意见》，

李克强总理又多次公开力挺互联网金融行业的创新，您的从业心态是不是也发生了变化？

黄：融金所事件让我们发现，原以为可以躲过的政策风险其实一直存在，除非细则出台。但不知道哪天才能出台。出台之后，完全规范了才能安心做。否则警方仍可以非法集资的罪名来查处你。

问：我接触过很多 P2P 平台的老板，很多人看起来非常风光啊。

黄（哈哈大笑）：但他的内心是恐惧的。草根首先想着活着，再想着做大。如果能重新选择，我真的不干这个行业。想当年我整天开着捷达车跑业务，也没这么累，至少心不累。我跑业务是很勤快的。

（本文作者：吴风显；采写时间：2015 年 10 月 26 日）

专家论道

限制互联网金融交易额度是国际通用做法

文/贲圣林*

2016 年，注定是我国 P2P 网贷行业大变局的一年，行业的关键词由之前的"创新"与"开放"，逐渐转向"分化""规范""整治"。8 月 24 日，银监会、工业和信息化部、公安部、国家互联网信息办公室联合发文，被热议的《网络借贷信息中介机构业务活动管理暂行办法》（下文简称《办法》）终于落地。IMI 执行所长、浙江大学互联网金融研究院院长贲圣林教授带领的 P2P 网贷研究小组对此进行了解读。《办法》明确采用备案制管理，介于不监管和牌照制监管之间，这一方面为金融创新提供了一定的发挥空间，精准地把握住了监管的平衡点。但另一方面，此次监管新规的出台将之前的"隐形门槛"具体化，体现了理性的回归，也是 P2P 网贷行业发展之路上的自然选择。P2P 网贷行业是金融创新的产物，风险甚至高于传统金融行业，在经历自由生长后也应受到合理的监管约束，防范因从业机构良莠不齐导致的系统性风险。

新规的出台体现了理性回归

问：《办法》出台，被称为"史上最严监管"。它的影响主要在哪些方面？P2P 网贷平台以及互联网金融行业将如何应对？

答：本次出台的《办法》不仅是我国新金融监管的里程碑，也是金融监管理念变化的里程碑。首先，办法明确采用备案制管理，介于不监管和牌照制监管之间，这为金融创新提供了一定的发挥空间，精准地把握住了监管的平衡点。其次，针对 P2P 网贷天然的交叉领域属性，《办法》提出由银监会及派出机构和地方人民政府监管部门共同监管，条块结合，这标

---

* 作者简介：贲圣林，浙江大学管理学院教授、博士生导师，浙江大学互联网金融研究院创始院长；中国人民大学国际货币研究所创始人、执行所长。主要研究领域包括金融改革与中国银行业战略、金融机构管理、互联网金融、创业金融等。曾先后在荷兰银行、汇丰银行、摩根大通银行担任高管。

志着互联网金融监管新常态的形成。

但另一方面，此次监管新规的出台将之前的"隐形门槛"具体化，体现了理性的回归，也是 P2P 网贷行业发展之路上的自然选择。P2P 网贷行业在提高我国金融活动效率、降低金融成本、拓展客户范围等方面发挥了积极作用，使得金融服务领域"人生而平等"的愿景比任何时候都离我们要近，充分体现了互联网金融普惠的特质。但一直以来易被大众混淆的一点是，P2P 网贷行业的普惠是针对服务对象的普惠，并不意味着平台设立零门槛，金融行业并不适合人人创业。

银行、券商等传统金融机构有着极高的从业准入门槛，经营各细分业务均需获得对应牌照许可，且传统金融对从业人员的学历、素质要求普遍较高。P2P 网贷行业是金融创新的产物，风险甚至高于传统金融行业，在经历自由生长后也应受到合理的监管约束，防范因从业机构良莠不齐导致的系统性风险。依据浙江大学互联网金融研究院对全国 3 442 家 P2P 平台的分析，从高管资质、股东背景、学历等因素来看，满足高门槛性质的平台安全性更高，印证了 P2P 网贷行业的隐形高门槛。

2016 年，注定是我国 P2P 网贷行业大变局的一年，行业的关键词由之前的"创新"与"开放"，逐渐转向"分化""规范""整治"。经济下行压力大、行业内部竞争大、监管转向力度大的市场环境致使众多小平台终将被淘汰成为可以预期的"事实"，而在此背景下，平台选择主动退出或进行并购整合将成为行业向健康、有序发展的良好开端。这需要网贷平台，乃至互联网金融行业所有从业机构和人员有高度的责任感，在行业调整期内能够积极自查，有序整合资源，促进 P2P 网贷行业的规范发展。

设置借贷最高额度明确了 P2P 网贷的定位

问：《办法》规定：在同一网贷平台，个人最多借款 20 万元，同一法人或其他组织最多借款 100 万元。在不同网贷平台，个人最多借款 100 万元，同一法人或其他组织最多借款 500 万元。有说法称，设定借贷上限，体现了互联网金融的普惠特性，您怎么看？在国际上，有没有类似设定借贷上限的规定？具体做法是什么？

答：《办法》针对网贷行业设定借贷上限的做法，实际上和传统商业银行中设定授信额度的做法是一脉相承的。在传统金融行业，商业银行根据企业的具体情况设定集团授信额度。由于企业财务报表是需要公开且经过审计的，所以银行能够从中找到客观的信息判断借款企业的信用状况。

而在互联网金融领域，由于个人借款者没有资产负债表让金融中介能够了解其财务状况，网贷平台很难对借款人的资信有一个全面准确的把握，这就只能从监管法规层面设置网络借贷的最高额度，才能做到风险可控。这次发布的《办法》规定："自然人在单个平台借款上限为 20 万，企业为 100 万，最多不超过 5 个平台进行借款。"这样的要求可以说明确了网贷行业普惠、小额的定位。这体现在两个方面：一是互联网金融服务人群的普惠。对于单笔借贷额度的限制会使 P2P 平台在将来很难开展房贷、企业贷款等额度较大的借贷业务，而转向各类小额贷款，提升业务的普惠化服务更广泛的人群。二是金融服务质量和价格上的普惠。对于借贷金额的限制降低了小额借贷的价格和成本，从而提升了金融的可得性；通过提高直接融资比例，将金融价值更多放在借款人和贷款人两端。对于借款人而言，该举措可以避免其过度举债行为，降低个人财务杠杆。而对投资者而言，对于借款额度的限制可以降低投机性资本进入网贷行业的规模，将信用风险控制在一定额度内。而要将这样的要求落到实处，《办法》要求的平台需要在地方金融管理机构备案登记会是重要的保障，地方监管部门需要对网贷平台进行评估分类、及时公示。之后，还需要 ICP 许可才能开展网络借贷信息中介服务。在此过程中，各地互联网金融协会将会协助地方监管机构在行业自律中发挥越来越重要的作用。

应该说，在拥有更加完善的监管框架的欧美发达国家，限制互联网金融交易额度也是常用的做法。在国家监管层面，著名的美国 JOBS 法案就要求发行人每 12 个月筹资额不得超过 100 万美元，同时对投资者参与投资的总额也进行了限制。JOBS 法案规定如果某一投资者的年度总收入在 10 万美元以下，则其可以通过众筹投资的年度总额是 2000 美元或者其年收入的 5%；如果投资者年度总收入在 10 万美元以上，则其可以通过众筹投资的年度总额是其年收入的 10%，但是最高不能超过 10 万美元。加拿大《众筹融资招股说明书豁免联合规则》也对各类基于互联网的融资作了类似规定。同时，Prosper 等网络贷款平台自身也对借贷额度进行了上限的设定，以更多聚焦小微客户的需求，从而保障中小投资者的权益。可见，欧美发达国家对于互联网借贷金额也有着非常严格的限制，甚至比本次《办法》中的相关规定还要严格，当前发的国内互联网金融展跌宕起伏，风险事件频发显然更需要设立借贷上限的监管要求。

中国互联网金融商业模式创新的
主要形式及风险分析

文/宁　钟*

2013 年被称为"互联网金融元年",是我国互联网金融得到迅猛发展的一年。随着第三方支付机构逐渐成熟起来,网络借贷平台（P2P）快速发展,众筹融资平台开始起步,我国第一家专业网络保险公司获批等一系列互联网金融大事件的发生,对我国传统的金融业生态造成了巨大的冲击。本文对当前互联网金融的商业模式与运行机制进行了细致梳理,并为其深入把脉得出风险来源,最后探讨了国内互联网金融今后的发展建议。

当前我国互联网金融的发展日新月异,正雄心勃勃地将传统金融业格局重新洗牌。互联网已经在我国发展近三十年,深刻地改变了人民生活与精神状态,可是互联网金融近五年才异军突起,其背后有着很多倒逼改革的推手。

首先是市场经济发展的需求。转变我国国民消费方式是促进经济转型、推进经济增长的有效方法,然而传统金融业受制于时间空间的交易方式已经远远不能满足消费者的需求,互联网金融的跨时空便捷性可以急速扩大经济交易的频率和规模。传统金融交易由于"中介化"问题,给资金供需双方带来了严重的信息不对称问题,而互联网金融是一个公开公正的双选式平台,而且这个平台拥有大量的数据和信息形成一个"透明中介"方便双方。其次是中小微企业发展的需求。我国经济发展的中流砥柱当属中小微企业,可是很多的中小微企业由于注册资本少规模小,可以从内部获得的融资数额相当有限,在传统银行的贷款额也受到很大的制约。最后是个人理财的需求。普通大众已经不甘于把资金存在银行获取微薄的利息,消费模式的改变也提高了人们的理财意识,同时更加青睐于个性化便

---

* 作者简介:宁钟,复旦大学管理科学系教授、博士生导师,复旦大学创业与创业投资研究中心主任,香港大学商学院客座教授,上海浦江学者,国内著名的战略转型和商业模式创新专家,中国众创联盟发起人之一。

利化的理财产品。由于传统银行的理财产品存在手续复杂、门槛高、无法随存随取等缺点，导致群众转向创新网络理财产品，不仅可以随时随地充值提现进行理财交易，而且能将闲散资金聚拢增值，更加灵活和多样。

虽然互联网金融的发展，不仅可以打破我国传统银行的垄断、加快利率市场化进程，更重要的是可以进一步优化资金配置促进实体经济发展，尤其是中小微企业的发展，但互联网金融也给传统金融领域带来一些新风险和新挑战。

一、当今中国互联网金融的总体概况

第一个阶段是 2005 年以前。互联网与金融的结合主要体现为传统金融业务互联网化，互联网技术帮助金融机构"把业务搬到网上"，陆续成立电商部门，建设电商网站来销售金融产品和提供金融服务，然而这并不能算得上真正的互联网金融。其中最早推出中国第一家网上银行的是招商银行，1997 年招商银行通过互联网开展部分客户服务和广告宣传等。随后几年我国在互联网金融的法律制度上开始起步，如 2000 年，证监会颁布《网上证券委托暂行管理办法》，投资者使用证券公司提供的交易软件，通过互联网即可非常方便快捷安全地进行证券交易。2002 年，中国人民保险公司子商务平台（e - PICC）正式上线，用户可以体验一系列实时服务。

第二个阶段是 2005—2012 年。网络借贷开始在我国萌芽，第三方支付机构逐渐成长起来，互联网与金融的结合开始从技术领域深入金融业务领域。我国 P2P 借贷平台自 2006 年开始陆续出现并快速发展。2010 年 6 月，阿里巴巴小额贷款公司成立，这标志着我国小额贷款模式的创新与突破。2011 年，人民银行开始发放第三方支付牌照，第三方支付机构进入规范发展的轨道。

第三个阶段从 2013 年开始至今。2013 年被称为"互联网金融元年"，是我国互联网金融得到迅猛发展的一年。第三方支付机构逐渐成熟起来，网络借贷平台（P2P）快速发展，众筹融资平台开始起步，我国第一家专业网络保险公司获批，阿里巴巴宣布筹建小微金融服务集团，并率先推出"余额宝"产品，京东成立了京东金融集团，百度推出理财产品"百发"等。截至 2015 年 3 月 30 日，中国人民银行共发放 270 张牌照支付业务许可证。2016 第一季度中国第三方互联网支付交易规模达到 40 584.3 亿元，同比增速 67.0%。

二、中国互联网金融的商业模式与运行机制

1. 传统金融业务互联网化

（1）银行业的互联网化。面对互联网金融的冲击，为抓住互联网快速发展带来的机遇，各大银行纷纷开始自己的"触网布局"，不断推出金融创新产品。首先，建立自己的电子商务平台，其中做得最好的是建设银行，建立了自己的电子商务平台——善融商务，还分别定位了 B2C（面向个人消费者）和 B2B（面向企业用户）两种不同平台，涵盖从商品批发、商品零售、房屋交易、支付结算、托管、担保到融资服务的全方位金融服务。其次，与电商平台合作开展小额贷款业务，例如工商银行联手阿里巴巴推出了"易融通"，为电商平台上经营的商户提供无抵押、低门槛、快速便捷的融资服务。

（2）保险业的互联网化。中国保险行业协会 2014 年在研究报告中将互联网保险定义为：保险公司或保险中介机构通过互联网为客户提供产品及服务信息，实现网上投保、承保、保全和理赔等保险业务，完成保险产品的在线销售及服务，并通过第三方机构实现保险相关费用的电子支付等经营管理活动。当然，如今保险公司及相关机构已经不满足仅是利用互联网技术简单地将传统保险业务从线下搬到线上，而是将资源重新整合全方位的"融网"。比如与电商合作开发新的有趣的险种，如"赏月险""运费险"等。

（3）证券业的互联网化。随着互联网金融高速发展，证券业也开始积极地探索自己在互联网金融时代下的出路。一方面，券商将传统业务互联网化，充分利用网络技术的便捷和低成本在线上展开客户服务。另一方面，券商基于互联网进行业务创新，不再拘束于现有业务，依托大数据、社交网络等，促使投融资双方在线上直接对接。

2. 第三方支付

阿里巴巴集团 CEO 马云在 2005 年瑞士达沃斯世界经济论坛上，第一次提出了"第三方支付"的概念，并预言第三方支付的产生将会深刻改变消费者的传统消费理念与习惯。第三方支付实际上是商户和个人之间的快速通道，它不仅解决了时间空间的支付障碍，还通过中介的绝对信用担保了交易的安全性，建立了行之有效的制约监督机制，明确了商家与消费者各自的权利义务边界。2010 年，中国人民银行颁布实施了《非金融机构支付服务管理办法》，第三方支付模式才拥有真正意义上的合法地位，还进

一步拓展和深化了其内涵。

3. 互联网信用业务

（1）众筹融资。是指利用网络良好的传播性，向网络投资人募集资金的金融模式，在募集资金的同时，达到宣传推广效果。国内首家众筹网站——点名时间于 2011 年正式上线，属于综合型奖励制众筹。此外天使汇、大家投等则满足初创企业的资金刚性需求，以及小微企业的融资需求推动类似股权众筹模式的发展。从平台定位来看，国内的众筹网站主要可以分为综合型和垂直型两类，即以点名时间、众筹网等为代表的综合型众筹网站和以淘梦网、乐童音乐等为代表的垂直型众筹网站。众筹网通过引入集团担保业务，由担保公司先承担项目中期破产或者没有按约定的计划执行的风险，以确保资金返还给项目投资人。而淘梦网是首家垂直型众筹平台，同时作为是国内最大的微电影众筹平台，专注于通过众筹的方式，帮助电影人获得拍摄电影所需的资金。

（2）网络借贷平台（P2P）。P2P 贷款于 2007 年正式进入中国，拍拍贷、宜信、红岭创投等平台相继出现。2010 年后，利率市场化、民间借贷的火爆等因素造成 P2P 贷款呈现出爆发性增长的态势，2011 年 6 月国内 P2P 行业成交额首次超过 5 亿元，2012 年 9 月份行业成交额超过 30 亿元，而 2013 年 10 月份，行业成交额开始步入百亿级别。不过随着市场的理性回归，市场上不正规的劣质企业逐步被淘汰，企业数量增速放缓，幸存下来的优质 P2P 贷款公司将以充分的话语权扫清市场不规范行为。2016 年 3 月份 P2P 平台成交量开始回升，成交额达到 1 266 亿元，环比上升 13.77%。这是继 2016 年 1 月和 2 月连续两个月下降之后的首轮上升。中国 P2P 贷款运作流程分为四步，具体如下表：

步骤	投资者	P2P 平台	筹资者
第一步	用户注册	集成优质小贷公司的融资需求在电商平台上开发优质融资需求	发布贷款需求提交信用审核资料
第二步	甄选符合自己需求的投资意向并投资	审核信用发布需求	等待资金对接根据情况调整需求

（续上表）

步骤	投资者	P2P平台	筹资者
第三步	签订电子合同	筹资满额后放款寻求小贷公司担保，持续关注项目进展，监控风险	收到贷款 考虑是否二次担保
第四步	到期收回投资支付相关费用	资金交割项目成功：单/双向收取费用项目违约：追讨债务，按约定赔付	到期偿还

三、互联网金融的风险来源

我国互联网金融尚处于初期阶段，技术和监管方面都还不成熟，所以互联网金融具有双重的风险来源，包括金融机构普遍存在的风险和由自身所特有的缺陷。

1. 信息的真伪辨别力低

互联网金融通过计算机信息技术实现了一切业务活动都发生在由电子信息构成的虚拟世界中，这让我们无法确认交易者的身份和交易者所提供的信息是否真实可靠。而且互联网金融平台由于核实信息的成本过高而没有一一进行仔细核对。同时互联网金融机构众多，相互之间没有实现信息互通而形成了一个个信息孤岛，让信息不实者有机可乘。

2. 互联网金融机构专业能力参差不齐

由于当前互联网金融的准入条件比较宽松，一些互联网金融机构由于刚起步经验少，在风险评估、金融产品定价和内部风控等方面远不如传统的金融机构专业可靠。而且有些互联网金融机构承诺高额利润以吸引资金，甚至存在准备金没有到位和无保险托底的情况，一旦出现违约情况他们很可能不顾利益相关者的损失，自己"跑路"。

3. 监管法律法规的缺失

互联网金融的商业模式日新月异，而相应的监管法律和法规的出台却相对滞后。央行、银监会、政府部门对互联网金融机构都有监管资格，于是多头监管导致监管主体不明确。企业、产品和服务是否合法，没有明确的制度规范。

四、中国互联网金融的发展建议

1. 不断创新互联网金融商业模式

从新兴的互联网金融业态来看，涌现出阿里小贷、微信红包、余额宝、芝麻信用等成功的服务产品，其成功的关键就在于商业模式的创新。根据企业内外部环境变化，进行科学的价值主张定位；坚持客户导向，把握客户核心需求；加强产品和服务创新，注重客户体验，打造有吸引力的产品；推进互联网金融盈利模式的创新。

2. 不断优化互联网金融监管体系

互联网金融离不开法律法规的保障，应尽快完善互联网金融法律体系，以立法的形式明确互联网金融机构的性质和法律地位，对其组织形式、准入资格、经营模式、监督管理和处罚措施等进行明确规定。建立分层监管机制，避免重复监管。

3. 不断升级互联网金融生态圈

互联网金融企业需要不断拓展产业链整合能力，提升自身的竞争优势和盈利能力；积极推进多元化的产业链合作模式，通过产业联盟、战略联盟和收购、控股等方式打造产业生态系统。让一定时间和空间内相关互联网金融产业链的各方企业、消费者和市场与其所在的环境组成的生态系统不断升级。

不应妖魔化互联网金融

文/胡　滨　尹振涛*

　　出于金融机理和金融本质，任何金融产品、任何风控模型都存在风险，没有绝对的安全。同时，创新与监管本身就是一对矛盾体，从全球金融危机史的演变过程也能够看到，金融业的发展需要找到金融创新与监管之间的平衡点。因此，对待以互联网金融为代表的新型金融业态，监管应该采取更加包容的态度。一是重视合规审核，而非常规监管；二是采用分类监管，避免一刀切，基于分类监管原则，不同的互联网金融业务模式应适用不同的监管政策；三是重视风险预警，谨防系统性风险；四是强调信息披露，注重消费者保护；五是加强基础设施建设，营造良好发展氛围。

　　自2013年起，以P2P网络借贷为代表的中国互联网金融迎来了爆发式的发展，在支持小微企业融资、发展普惠金融及助力"双创"等方面发挥了重大的作用。但由于监管缺位及行业自律不足，网络借贷行业也暴露出一些发展初期的问题。同时，更有大量的线下理财或财富管理公司打着互联网金融或P2P的旗号，从事非法集资或违规业务。在国家积极促进互联网金融健康发展和推进互联网金融风险专项整治的背景下，对互联网金融及P2P网络借贷行业进行全面、系统和深入的研究，并针对当前所暴露出的一些错误认识进行客观的评价，有着极其重要的现实意义。

客观评价互联网金融的积极作用

　　随着"宝宝类"理财产品和P2P网贷产品收益率的下滑，互联网金融很快便被赶下神坛，逐步回归其本来面貌，这是市场回归理性的表现。但由于受到e租宝、泛亚、中晋等线下理财公司事件的波及，当前互联网金融业态又出现了被妖魔化的倾向，并且越来越严重。

　　对待一个只发展了三五年的新兴事物，我们应该用理性的态度直面问

　　* 作者简介：胡滨，中国社会科学院金融研究所副所长、金融法律与金融监管研究基地主任；尹振涛，金融法律与金融监管研究基地副主任。

题，用客观的标准进行评价。不能否认的是，互联网金融的出现，为中国的金融市场化改革带来了诸多益处。

互联网金融的出现彻底激活了金融市场和金融产品的创新。金融创新是金融业发展的源泉，也是衡量一国金融发展水平和活力的重要标尺。改革开放以来，我国金融业取得了举世瞩目的成就，但是金融创新总是乏力。一个重要的原因就是，在固有的监管制度框架下及以商业银行为主导的金融体系下，大多数金融创新并非发自内心。回顾我国之前的金融创新路径，大多是监管机构前期研讨、论证，并在一定范围或区域进行试点，据其效果进行全国推广。这种模式虽然在一定程度上能够防范风险，利于金融稳定，但金融创新的效果很容易打折扣，这些创新也很难是金融机构或市场所期待的或适合的。事实证明，过去有太多由监管机构推动的金融创新，由于忽视市场能动性，在政策出台后，其效果并不理想。

互联网金融的横空出世，激活了金融市场的活力，让更多的市场主体参与金融创新。有人质疑互联网金融创新是监管套利，是钻监管漏洞，但事实上金融创新本身就是以突破传统、突破常规为特征。同时，大型互联网金融企业的快速发展，也让中国的金融科技实力具备了国际水准。通过几年的努力，中国的互联网金融在规模、技术及模式等方面均走在了世界前列，为中国金融业实现弯道超车提供了可能。

互联网金融在努力填补传统金融机构服务上的短板。大量的中小微企业和个人之所以选择去互联网金融平台借款，并要承担可能更高的贷款成本，主要是因为其贷款需求无法从传统金融机构获得，且P2P网贷平台的服务更便捷。长期处于绝对垄断地位及利率管制的背景下，商业银行更倾向于规模化放贷，以获得最大程度的息差收入，"喜大厌小"现象明显。同时，在现有的监管框架、内部考核及经济结构下，商业银行业更愿意服务于国有企业、大企业，"嫌贫爱富"现象突出。

反观P2P网贷平台，根据不完全统计，目前全国P2P网贷平台平均单笔贷款不足2万元，属于典型的微金融。同时，全国P2P网贷平台平均的贷款期限只有6个月，有的甚至更短，这都是传统金融机构不重视或无法覆盖的。在没有互联网金融之前，小微企业或个人想要获得临时性的、小额的短期周转资金，大多只能求助于民间借贷市场，甚至是通过地下钱庄借高利贷，而互联网金融平台的出现，在一定程度上提供了更加阳光的融资渠道。从规模上看，P2P网贷行业贷款余额从2013年的不足300亿元，一路攀升至2016年5月的5 600多亿元，实现了近20倍的增长，但仍不及一家商业银行个人住房贷款余额的五分之一。例如，截至2015年底，中国工商银行个人住房贷款余额为 24 861 亿元。由此可见，不管从业务范围还是产品类型上看，互联网金融企业根本无法与传统金融机构抗衡，只是在填补和挖掘市场空白，更在一定程度上起到了对传统金融机构的有益补充。

互联网金融让普通人获得了相对平等的金融参与权和金融收益权。一方面，互联网金融大幅度降低了老百姓的投资理财的门槛。"宝宝类"理财产品的出现开创了 1 元钱的投资起点，而大多数的 P2P 网贷平台的最低投资额不足百元，这与商业银行动辄几万、十几万的理财产品相比降低很多。因此，互联网金融产品的出现，给不能或不想参与股票投资、房地产投资的老百姓增加了投资获利渠道。同时，由于门槛的降低，互联网金融平台吸引了大量民间的闲散资金，为市场提供了更多的流动性补充，另一方面也让零散小额的资金实现了收益最大化。

还是以 P2P 网贷平台为例，目前平均年化收益率在 8% ~ 12%，而央行一年定期存款利率仅为 2.5%。虽然受市场环境的影响，"宝宝类"理财产品的年化收益率不断下降，但仍然比同期银行存款利率高很多。可见，互联网金融的出现在一定程度上削弱了金融排斥现象，让更多的人享受到了金融发展所带来的福利，很好地体现了普惠金融和共享经济的精髓。正如 2013 年诺贝尔经济学奖获得者罗伯特·席勒教授曾经指出的，金融的大众化将原本仅有华尔街客户享有的金融服务特权，传播给了沃尔玛的客户。

互联网金融率先打开了金融业对民间资本放开的"玻璃门"。改革开放三十多年来，我国民营经济实现了飞跃式的发展，民营经济活力不断释放，成为拉动我国经济增长、稳定经济的重要力量。但同时也应该看到，当前我国经济结构中仍然存在着大量传统垄断行业，其中金融部门尤为突出。虽然十八届三中全会以来，有关金融业的对内对外双向开放步伐加大，并批准成立了几家民营银行，但金融领域中民资的"玻璃门"现象仍然突出。"玻璃门"是指虽然规章制度并未限制参与，但很多现实问题或难点仍然阻碍民间资本进入金融业。而互联网金融的诞生彻底改变了这一现象，通过垂直或细分领域的布局及服务覆盖范围的波及，互联网金融企业直接切入金融服务第一线，构建了民营系金融阵地。

互联网金融优化了金融服务质量并提升了客户体验感。互联网金融企业充分发挥了电子商务、第三方支付、社交网络等形成的大数据优势，以其特有的互联网技术优势，很大程度上改变了传统金融服务机构的服务理念和服务模式。例如，用大数据风控和互联网可视技术代替线下审核，用

APP客户端及社交软件替代营业网点，不仅大幅度降低了经营成本，更提高了获取金融服务的便利性和可得性，改善了服务质量，优化了服务环境。不得不说，互联网金融的客户体验更好，互动性更强。同时，互联网金融的崛起也倒逼传统金融机构必须尽快改善服务质量，优化服务内容，进一步加速了金融互联网化的发展。

互联网金融的蓬勃发展加速了我国金融监管体系的完善。事实上，互联网金融出现野蛮式增长，并暴露出很多风险和问题，不能都归责于互联网金融企业自身，监管的缺位与不力也应负有相应的责任。很多互联网金融模式超出了某一种金融业态，属于跨业经营，在"谁的孩子谁抱走"的传统监管原则下，没有监管部门愿意认领。同时，在我国当前的金融监管框架下，地方金融主管部门的监管权限不足、力量较弱，并存在责任不明等问题，这都对互联网金融的无序发展提供了土壤。在中央大力鼓励"互联网+"战略及促进互联网金融健康发展的背景下，这一问题必须解决，而中央也意识到了金融监管协调的重要性，金融监管框架的调整已提上议事日程。

互联网金融监管应刚柔并济

出于金融机理和金融本质，任何金融产品、任何风控模型都存在风险，没有绝对的安全。在宏观经济增速下滑的大环境下，即便是传统金融机构也会出现不良贷款规模的"双增"，何况是才初具规模的创业型金融企业。同时，创新与监管本身就是一对矛盾体，从全球金融危机史的演变过程也能够看到，金融业的发展需要找到金融创新与监管之间的平衡点。因此，对待以互联网金融为代表的新型金融业态，监管应该采取更加包容的态度。

重视合规审核，而非常规监管。对互联网金融的管理，首先应该明确其定位及机理。按照目前的制度框架，P2P网贷平台属于信息中介范畴，并不属于金融机构，更不能开展实质性和主体性的金融业务。因此，金融监管部门可采用一般性监管原则进行监管，以防止监管过度，其监管重点应放在审核信用中介的定位上。同时，对支持普惠金融发展、助力小微企业融资的纯信息中介还应该予以税收优惠、利息补贴等鼓励措施，以此鼓励互联网金融企业的发展，降低企业融资成本。

采用分类监管，避免一刀切。基于分类监管原则，不同的互联网金融业务模式应适用不同的监管政策。明确各类互联网金融业务的监管主体、监管对象和监管范围，采取具有差异性的监管规范，以匹配原则性监管、限制性监管或功能性监管。绝不能采取一刀切的方式，扼杀互联网金融的发展活力。

重视风险预警，谨防系统性风险。由于互联网金融风险存在特殊性，例如风险传染快、风险波及广、风险隐蔽性强等，因此，应该更重视事前管理和风险预警。同时，由于互联网金融在一定程度上实现了利率、期限和风险的重构，但本质上并没有消除风险，而更多是转移风险，因此，要严防互联网金融风险引燃时间维度的逆周期风险和空间维度的传染性风险，以及从而引发的系统性风险。

强调信息披露，注重消费者保护。互联网金融的信息传递具有多面性，一方面互联网技术便于信息的挖掘与展示，另一方面互联网技术又便于隐蔽信息和真实数据。因此，发展互联网金融必须强调信息披露，这不仅属于监管范畴，更应该是行业自律的核心。同时，由于互联网金融具有典型的零售性，涉及消费者或投资者众多，金融消费者的隐私和权益保护应是重中之重。

加强基础设施建设，营造良好发展氛围。互联网金融的健康发展离不开传统金融机构和政府的支持，更应该享受最基本和平等的金融基础设施。例如，允许接入或授权查询央行征信数据库，并通过行业协会等组织建立全国范围内的互联网金融企业征信系统或共享黑名单，这对降低互联网金融企业风险，减少风险事件有着重要的意义和作用。同时，针对当前P2P网贷资金托管难问题，可尝试性地建立政策性资金托管渠道及清算平台，这也可以在一定程度上杜绝平台跑路和资金占用现象，让投资者放心地选择自己青睐的平台。

互联网金融企业要不忘初心

当前，除了一些跑路的、以互联网金融名义进行非法融资的伪P2P平台之外，我国已经开始形成独具特色的互联网金融平台，一些平台无论从技术上、风险控制上还是经营模式上都处于世界领先的位置。这些是中国金融改革和金融创新的产物，是中国"互联网＋"战略在金融领域的具体体现，也是独具中国特色的践行普惠金融的代表。

互联网金融行业在经历了蓬勃兴起、监管收紧两个阶段之后，将迎来规范、健康发展的新阶段，在此过程中，一些优秀的互联网金融平台也越来越得到投资人和市场的认可。今年，国内知名互联网财富管理平台陆金所和蚂蚁金服都先后获得巨额融资。其中，陆金所于2016年初率先宣布完成12.16亿美元的融资，更是创造了一季度全球金融科技最高融资额，估值高达185亿美元。这些数字和现象都说明，互联网金融平台仍被市场认同，远非有些人所说的"步入冬天"，而是到了发展壮大的阶段。

国务院指导意见已经为互联网金融各业态明确了定位，监管细则的相继出台并不是互联网金融的终点，而是互联网金融迎来大发展的起点。对于正规的P2P网贷平台而言，应该在监管框架的指导下，尽快调整业务条线，绝不越雷池一步。同时，根据自身的特点在市场中挖掘自身优势，实现业务模式的转型升级。例如，具有平安集团背景的陆金所就较早启动了互联网金融业务条线的转型，从P2P网贷平台逐步升级为一站式财富管理平台，布局公募基金、保险理财以及多种固定收益投资，尽可能地为客户提供优质、透明、高效和安全的金融产品。而对于一些中小P2P平台，也不应轻言放弃，在日益激烈的竞争环境下，应该精准地选择一个适合自己的垂直或细分领域。当然，不管业务如何转型、产品如何创新，互联网金融企业都不应该忘记服务老百姓和助力普惠金融的初心。

（本文原载于《上海证券报》）

扯淡的金融创新

文/江南愤青*

　　普惠金融到底是什么？我自己一直很厌恶将一些道德附加在某些本身没有任何道德色彩的东西之上，所谓普惠金融，很大程度上已经不是一个学术范畴讨论的问题了，更多是一个关于利益分配的政治学命题，如同全球范围内要求进行有效枪支管理的办法一样。监管是个命题，个体是客观存在的。

　　金融只是金融，无好无坏，不带情感，它的作用好坏取决于我们如何使用这样的工具，甚至可能更多还是取决于其他非金融因素。因为，金融本身是个经济学衍生附属品，金融在创新方面其实也只是金融范畴的概念，依然逃脱不了经济学的范畴，互联网金融颠覆了传统金融，总归还是金融范畴之内，依附于经济基础之上，所以，我一直对所谓的金融创新没抱什么太大的期望。回头看金融史，过去一百多年来的金融史上，能称之为创新的金融变革，其实极为有限，大量曾经被称赞为创新的金融产品，要么消失了，要么就是直接引发了大地震被叫停了。绝大多数创新的代价是极高的，而且对社会的伤害也很大。

　　另外，现在很多所谓的创新，其实是伪创新，并非是真正意义上的创新。现在很多券商在谈互联网金融，其实只是为了获得一个独立账户而已，但是事实上，最早开设券商的时候，所有的券商都是自建账户体系的，结果所有的券商都在利用客户账户大肆进行各种交易，最终出现极大的经营问题。后来监管部门取消了券商的账户体系，进行大整改，改为必须跟银行账户捆绑，进行所谓银证转账的方式，从此券商沦落为银行的附庸。现在谈互联网金融创新，想收购第三方也好，跟第三方谈各种合作也好，最终目的都是为了建设一个账户而已。但是这样的创新，还不如直接让监管部门重新放开账户限制更简单、更直接。这样的创新是创新吗？显然不是。

---

　　* 作者简介：江南愤青，著名财经评论人士，聚秀资本合伙人。

此外还有很多创新，也都是伪创新。人们被这种创新的短期好处给蒙蔽了双眼，美联储前主席沃克尔说过，过去几十年金融机构唯一的创新就是"取款机"的发明，除了这个，此前金融机构无丝毫有意义的创新。沃克尔反对对实体经济毫无帮助的金融创新，反对银行为自身利益涉足高风险的投资行为。但是，这种理念被视为华尔街的公敌，所以，他帮助里根总统战胜了通货膨胀，却没能继续连任，而由格林斯潘接手。格林斯潘一干二十年，且被认为是美国最伟大的美联储主席。但是历史很有意思，2008 年金融危机之后，人们开始怀念沃克尔，格林斯潘则成为"历史的罪人"，甚至在国会上接受议员近乎苛刻的指责——格林斯潘被指责未能避免次贷危机，让美国经济因为不负责任的信贷行为付出了惨重的代价。而格林斯潘开始承认缺乏监管的自由市场存在缺陷，他在 2005 年 5 月发表著名论断：金融市场自我监管比政府监管更为有效。这个理念显然与沃克尔形成了极为明显的反差，从而被认为是华尔街的纵容者和包庇者。

次贷危机之后，金融创新又被推上风口浪尖。其实，回顾金融史，金融创新跟经济发展之间，一直缺乏实证研究的证据，很难认定金融是推动经济发展的根本因素。荷兰最早健全了金融制度，但是被金融落后的英国给打败，日不落帝国的金融体系在相当长的时期内是最完善的体系，只是后来也被美国这个后进者给取代了。由此很难证明金融在经济发展中的作用。放到美国来看，美国之所以成为强国，单单认为金融发达造就了美国的强权地位是很难服众的。

我们回头看，过去几十年里出现的所有眼花缭乱的金融创新从某个意义上讲，其实都是借创造更多形式发放贷款的一种借口罢了，前几年国内这种情况非常普遍，尤其在浙江。2007 年、2009 年大量的金融机构打着创新的名义，最后都只是为了规避发放流动资金贷款的一系列限制，本质其实是更大范围地扩大杠杆，通过各种形式让企业获得更多贷款，从而实现贷款利差。很多人抨击国内银行发放贷款只会抵押的文化，其实是错误的，大家可以看下前几年的浙江，大量的无抵押无担保的信用贷款，早就非常普遍了。

为了发放更多的贷款，大量的金融机构都在采取所谓的联贷联保等创新金融模式，一家年销售额不到 1 亿元、注册资本 500 万元的企业，拿到十多亿元的贷款，诸如此类的事情非常普遍，最终对浙江经济带来了极大的伤害，而曾经红极一时的联贷联保，基本上成了大多数浙江企业的噩梦，本来是一家企业死，结果变成了一片企业死，好企业因为给坏企业担保，也跟着死，这一局面都是由这种所谓的伪创新造成的。这种创新骨子里都是伪创新，浙江经济的崩塌，跟这种伪创新是密不可分的，到最后都是被高杠杆给搞死。

其实所谓的担保，本身就是恶制度，联贷联保更是恶上加恶，跟几千年前的所谓连坐制有什么区别？一人犯错，全族灭绝，这是金融创新？说倒退还差不多。

过于注重资产端的利益获得，而仅仅以提高风险容忍度为前提的金融创新，本质都是拿未来的利益来换取当前的效益罢了。浙江金融业过去不到 1% 的坏账率，估计现在早破了 5%。长三角成了几乎所有银行的噩梦，曾经有多赚钱，现在就有多亏钱。曾经号称创新最厉害的银行，基本上也是损失最厉害的银行，没办法，这是必然的事情。任何不以风控为核心的金融创新，都是耍流氓。有段时间，很多人攻击我，说我是金融创新的抵制者，说我是落后金融体系的卫道士。我也没啥好驳斥的，我就想说一句，如果你拿自己的钱去创新，我举一百只手认同，但是你拿了人家的钱，去做所谓的创新，成了自己赚，亏了别人买单，这种耍流氓的行为，那还是算了，不要也罢。

再者，很多创新，对国内而言是新，可在国外早就有了，而且也都现实地模拟了未来的演变方向，所以也谈不上是创新，只是看上去很新罢了。现在，我们大谈余额宝，但是我们要看到国外有贝宝模式。关于这个，长江商学院的陈龙教授撰文写过一段话，他说：阿里巴巴的资产证券化，虽然看似化腐朽为神奇，但是这个金融创新其实只是转移了风险。它在美国的对应名字叫"抵押债务凭证"（CDO），也曾因为能把高风险的次贷分割成高级和次级债，并把高级债成功地卖出去，"化腐朽为神奇"而出名。CDO 在美国金融危机后更为有名，被称为有毒资产，主要做这个产品的两个投行，贝尔斯登和雷曼兄弟，都已经倒闭了。

在深化金融改革的热潮中，不知道还有多少人记得，CDO 和掉期衍生工具被认为是导致美国金融危机的最主要的两个衍生工具。美国保险巨头 AIG，在看不懂创新产品的情况下，大量出售违约掉期工具（请联想万国证券），导致超过 1 800 亿美元的损失，最后因为美联储相救生存下来。中国最大的民营担保公司中担投资信用担保有限公司（简称中担），在看不懂风险的情况下大量出售保险，于 2012 年倒闭。AIG 和中担的故事没有本质的区别，盲目扩张终致破产。

这种所谓创新，再配合互联网信息技术的高效率，可以很快把一个看不清楚的风险点，通过互联网以及企业普遍的对金融产品的风险漠视，变得更加模糊和看不懂，快速地将风险传播散落到全球的任何一个角落，从而把小范围内的风险快速传播开来，这个对金融市场、资本市场带来的影响非常巨大。过去几年里，全球金融产品交易量的猛增、换手率的猛涨，使金融系统性风险大为增加。在 18 世纪，一家雷曼兄弟公司的倒闭可能不会影响整个美国社会，更不会影响全球经济的各个角落。可是，2008 年雷曼兄弟倒闭引发的问题，却可以在几小时内席卷全球，牵连整个金融市场。当单个金融机构的行为可以这么快地把全球经济拖下水，金融监管的必要性就比历史上的任何时期都更大了。

农行某位首席经济学家说，越是技术变革带来的创新，就越要值得监管，需要严格的操作规范和流程控制。我非常赞同他的观点。他举例说，原先没有别的交通工具，大家都走路，所以大路朝天，随便走，无所谓，因为波及面有限；但是随着技术的发展，汽车出现，就需要严格的交通管理办法，让大家按照一定的标准开车，再下去开宇宙飞船，可能受到的监管就更为严格了，每个节点都需要严格的规范和监控。

这个论断其实还真是可以下的，任何一种新技术的运用背后其实都会带来更大的负面性和不确定性。古代战争，虽然有所谓的坑杀 70 万的说法，但是那毕竟是冷兵器时代，由于规模有限，武器落后，使得最终杀伤力有限，而在核武器装备的现代，任何一个武器的获得，都可能具有大规模杀伤力。对于这样的技术创新应用，必然要求对其监管更严格，往下推演，可以发现，技术来到最后，都可能只是促进了竞争的残酷性。

回顾金融对经济的影响，很多时候都是动态的、追逐短期利益而忽视长期利益。短期好玩的东西，长期往往是不好玩的，而民众更热衷于短期，一旦受到伤害，却悔之晚矣。要做好这个平衡点很难，这需要考验监管者的智慧。

1929 年，美国每个人都沉浸在成为千万富翁的一派喜气之中，每个人都在计算自己一天又赚了多少钱。天天开派对，夜夜笙歌，纸醉金迷，突然有一天，世界崩塌了。所有的钱，都成为一张张废纸，全国范围内，几百万人流离失所，金融投机的泡沫在一天之间崩塌。这场危机席卷全球之后，直接改变了整个世界的格局，"二战"不敢说是金融创新引发的，但是，各种不受管制的金融及金融创新在这次危机中扮演的角色并不好。1994 年、1997 年、2008 年的各种危机，都可以看到所谓的金融创新在里面扮演的角色，并不是都如大家想象得那么美好。

过去一百年来，眼花缭乱的金融创新层出不穷，我们要去反思一个问题：金融创新跟经济发展的关系到底是怎样的？事实上，金融工具越来越多，金融机构也越来越多，但是实体经济的融资成本是否得到下降？是否有更多的普及面？全球范围内，可能都没有得到有效的验证。至少现在的实体企业获得资金的成本不但没低下去，反而更高了。

因此，金融创新本身就是一个很值得思考的命题：并不是所有的金融创新都是对的且合理的。事实上，创新这个词的背后意味着极高的失败率，一轮轮的创新背后是以一轮轮的失败为代价的，也正因此，越是创新就越需要严格的监管，不能脱离监管单独去看创新，甚至有些创新绝对不是我们想承受就承受得了的。

我们再看互联网金融带来的所谓的普惠金融，单纯从普惠两个字来看金融，那必然包括两个层面的意思：一个层面是更多的人能拿到较低的贷款利息；另外一个层面是更多的人能以更高的价格拿到存款利息。但是这现实吗？为了解决第一个层面的问题，我们现在不断地设立各种金融机构，如小贷公司、担保公司、互联网金融公司、资金互助社等，我可以说，基本无效。

我在 2013 年 6 月的一篇文章《也谈钱荒》（曾拿过最佳金融科普文章），阐述的就是在当前的宏观形势下，设立更多的金融机构，也无法为资金流向实体企业疏堵，即使流向了，实体企业也未必会把钱都扔到实体经营中去。所以我们是很难脱离经济层面直接去论述金融的，资金的逐利性最终会使得各项金融政策都会在实践中失去效应。这几年成立了诸多的类金融机构，但是我们发现到最后成效都一般。

而第二个层面的问题，就是异常火爆的余额宝为代表的努力给了资金提供者更高的收益。P2P 给大家高达 10% 以上的收益，余额宝让大家获得了超过 5% 以上的可代表活期存款的利率，市场无不趋之若鹜。这种情况下，就出现悖论了。

广东金融学院院长陆磊曾撰文表示，从宏观经济学角度看，资金来源与资金运用的双重"普惠"势必导致一大悖论。宏观经济学通常用商品环流和资金环流来定义经济，在此环流中，每个公众既是家庭（消费者），同时也是企业（生产者），这一简单原理套用于普惠金融，就会出现一个有趣的结果：假如关注中小微型企业融资难、融资贵，则资金来源首先要便宜，还要给金融机构以风险回报（毕竟向更高风险的小企业放款需要更高的利差补偿）。

反之，如果资金来源实行普惠，则金融机构资金成本势必高涨，原本活期、低利率的低成本资金占比会下降。金融部门势必思考这个问题：在当前市场上，存在怎样的借款人（融资方）可按照较高的成本融资，并具有相当的安全性？结果不言而喻，中小借款人的融资贵和从事低回报生产经营的经济实体融资难势必延续。可见，普惠金融的悖论在于，在当前融资机制下，要照顾中小微型企业，则必须压低公众的资金回报；要提高公众投资收益，则金融资源堡垒大户、非普惠性问题将更突出。上述悖论的直观体现是，互联网金融崛起，存款搬家和银行体系流动性紧张，银行间市场利率飙涨，银行追逐高回报（也是高泡沫高风险），客户、实体经济部门资金链紧绷。

这段话论述得非常精辟，但是会被互联网金融人士诟病的唯一缺陷在于，为什么要"给金融机构以更高的风险回报才能向小微企业贷款"这个点上。互联网的狂热支持者们，都在热切地期待互联网能够在不提高风险回报的情况下，也能实现两头普惠，甚至认为可以直接去掉中介，来实现成本最低，收益最高，把原先的金融中介赚的钱分摊给两头，从而实现金融普惠。从目前互联网金融的模式来看，都只注重其中一头，是人为割裂本来不可分割的整体的行为，而且在实践中，普遍都在资产端，的确未能呈现比传统金融机构更好的风控方式，而是单独在存款端给予更高的利息。显然，这个对于金融机构而言，都是体现为成本上升的。所以结论就是，如果互联网未能以更好的技术来转嫁这部分成本，则必然的结果肯定是推动贷款成本高企不下。余额宝由于本质是货币基金，只是渠道层面的革新，在多个金融机构之间实现了转移和成本的替换，最终资产端还是通过金融机构实现的。就必然注定，整体的成本都是上行的，大家都在关注余额宝让多少投资人获得了更高的利息，就必然意味着金融机构承担了更高的成本。这点是不需要否认的。

当然这并不是指责余额宝不好，在当前的金融机构强势且一家独大的情况下，这种行为更有利于倒逼金融机构的现实反思和自我革新，并加速了利率市场化，这些都是余额宝的存在意义，况且，余额宝也没有义务为社会承担责任的。指责余额宝加速货币空转、提高社会成本的人，要清晰地理解，这样光荣伟大的事情，交给一个市场主体本身就是不合理的。

我们再从资产端来看所谓的普惠金融，事实折现的问题很大程度上是给全民加杠杆，让大量不具备借款能力的人获得借款，最终是社会受到伤害。所谓的普惠金融，是个系统性的工程，单靠金融本身是无法解答这个命题的。而金融就是一个工具，它甚至不是一个行业，只是一种通过实业谋取资本收益的工具。金融必然是逐利的，通过对稀有资源的配置得以享有超过平均产业水平的资本回报率，依靠道德属性定义金融的服务对象并不符合商业银行"商业可持续"的原则。因此，作为一项工具，道德就是个附加题，实践中这个附加往往会被屏蔽。赚钱了，适当补贴可以，但是要不赚钱还贴钱，那不是金融，那是慈善。

金融没有道德属性，也没有阶级属性。回头看历史，金融之所以极大地推动了社会进步，隐含的一个逻辑就是金融对暴利的渴望，这种渴望正是大工业时代以来，金融超越其他行业快速发展的主要原因。现在提普惠金融、民主金融，让金融不要那么暴利，如同让一头猛虎不要吃肉，改为吃草，最后的结果只能是老虎饿死或者暴起伤人。

现在之所以出现小微、"三农"等阶层划分，是由于管制措施制造了金融的阶层对立，民间金融、官方金融、国有金融都是监管画线的结果。金融哪里来官方、民营之说，大家都是干放贷款的事情，谁也不比谁高尚，之所以出现普惠金融，肯定是金融监管出了问题。2008年金融危机后，美国总统对华尔街喊话，让华尔街具备道德，华尔街压根不理，该怎样还怎样。回到最后，金融是不具备道德属性的，监管能做的只能是通过设立新的制度框架，确保金融这头猛虎尽可能蹲在笼子里，少伤人，而不是驯化他不吃肉，这考验的是监管因势利导的驯化能力。

任何一样事物，如果依赖道德进行控制，必然是不符合商业模式的。因为道德是锦上添花，不是社会最低规则，道德很多时候是禁不住考验的。一个时时需要拷问良心的行业，本身就不符合商业模式。所以，对金融不要抱有太大的道德要求，那不现实，虽然的确很多时候，我们要鼓励有道德的行为，鼓励更多的金融机构承担更多的社会责任，但是在现实中，有道德的企业会面临更多的竞争问题，因为你讲了道德，你就被一群不讲道德的人给搞死。当社会普遍的贷款利率在18%甚至更高的时候，你给予人家12%的贷款利息，就必然很难生存，因为很多人会来你这里借钱，利息为12%，然后去放贷款，利息为18%，套利就是这么出来的，你做了慈善，而人家拿你的慈善赚钱。但是大家的风险是一致的。

回到最后，我们就可以发现在整个行业中，你是一群正在奔跑的羊群中的羊，你只能跟着跑，改变不了大的趋势，一旦脱离了这个趋势，可能就无法生存。

我国的金融机构在过去高速增长的经济上行周期，都是马云所说的只服务20%、不服务80%的运作模式。缺乏金融服务的技术手段只是表象，核心在于在我国的金融政策和现实环境的制约下，任何一个金融机构都是理性人，理性人不是依赖道德做出决策，而是约束条件下追求利益最大化。马云先生如果获得金融机构牌照，也必然会遵循这个逻辑。

再来看所谓的民主金融，即互联网能否推动金融民主？民主首先是制度设计，其次要在公民教育基础上得以稳固。我在美国演讲的时候，在斯坦福大学跟政治学教授探讨美国的民主制度时也的确谈到互联网的民主金融概念。德国魏玛共和国的失败，很大程度在于"一战"后德国人没有认为自己是社会公民，没把自己的利益跟国家利益相结合；希特勒当时在民众中的支持率极高，很大程度上是尽可能满足了民众个人需求，并以此交换了社会利益。

　　换言之，在没有公民意识的国家推行民主，将是独裁的另外一种表现形式。现在很多人谈民主，都是暴民思维，都是在考虑如何打倒既得利益群体后，把自己给换上，实质是以民主的名义玩"打土豪、分田地"的游戏。把这个思维运用到互联网金融中，互联网的民主金融也充斥着暴力思维。搅局也好，颠覆也罢，骨子里透露出来的都是暴利驱动下的暴力活动而已，跟民主没什么太大关系。即使间接达到了均贫富，也只是阶段性的特征，本质都不是民主模式。一是没有起步时的制度设计，二是没有公民意识的教育。熙熙攘攘之下都是金钱游戏，言语之间却透着打砸抢的暴力意识，这种思维主导还好意思提民主，这是对民主的玷污。任何没有思想的革命，换来的也都将只是改朝换代的游戏罢了。